本书为2021年度浙江省哲学社会科学规划课题
（项目编号：21NDJ189YB）成果

CULTURAL GENES AND
ORGANIZATIONAL HEALTH

AN EXPLORATORY CASE STUDY

文化基因
与组织健康

探索性案例研究

吴福平　李亚楠◎著

ZHEJIANG UNIVERSITY PRESS
浙江大学出版社
·杭州·

图书在版编目(CIP)数据

文化基因与组织健康：探索性案例研究 / 吴福平，
李亚楠著. — 杭州：浙江大学出版社,2023.11
ISBN 978-7-308-24400-8

Ⅰ. ①文… Ⅱ. ①吴… ②李… Ⅲ. ①企业文化—研
究—中国 Ⅳ. ①F279.23

中国国家版本馆 CIP 数据核字(2023)第 220609 号

文化基因与组织健康：探索性案例研究

吴福平　李亚楠　著

策划编辑	吴伟伟
责任编辑	陈思佳(chensijia_ruc@163.com)
责任校对	宁　檬
封面设计	雷建军
出版发行	浙江大学出版社
	(杭州市天目山路 148 号　邮政编码 310007)
	(网址:http://www.zjupress.com)
排　　版	杭州晨特广告有限公司
印　　刷	广东虎彩云印刷有限公司绍兴分公司
开　　本	710mm×1000mm　1/16
印　　张	10
字　　数	180 千
版 印 次	2023 年 11 月第 1 版　2023 年 11 月第 1 次印刷
书　　号	ISBN 978-7-308-24400-8
定　　价	68.00 元

前　言

　　健康的、高质量的组织需要高质量的文化支撑。组织的任何管理行为，本质上都是文化行为；组织管理过程，就是对组织内部全体成员的"以文化之"的过程。组织所推行的管理战略、营销策略、财政预算决策、激励机制、晋升制度等，本质上都是文化措施、文化活动，既是文化的过程，也是文化的结果。管理就是文化，文化可以管理。这个意义上的文化管理就是一种文治行为、文治措施，体现了各类社群组织（含企业）以文治人、以文化人的能力和水平。组织文化是一个组织的总纲，纲不举则目不张。可以认为，只要是由两个及以上的人组成的团队、团体或组织，不论人数多寡，没有一个总纲，没有最低限度的深度内化了的行为准则，以及共同接受、共同认同的值得追求的行动目标、行动纲领，那么内耗及各种组织病、企业病的出现就是必然的，甚至还极有可能会出现分道扬镳、分崩离析的局面。

　　组织文化是组织内全体成员在长期共同的工作、学习、生产和生活等实践过程中所积累起来的行动理念、价值观念及思维模式、行为方式，等等。它在各类组织中更多地体现为一种集体无意识，它散布、弥漫在组织中，很多时候看不见、摸不着，但又实实在在地、无孔不入地起着作用，它是组织及其全体成员行动的决定性力量。组织文化更多地以这种无形的力量在组织中存在。组织的高级管理人员及其他员工的一举一动、一言一行、一点一滴，乃至组织内所拥有的一山一水、一草一木、一石一竹，都不是空穴来风、无中生有的，本质上都可以视为文化，都是组织文化，或者是组织文化的结果。作为组织的核心竞争力，组织文化主要由学习力、革新力、凝聚力、传播力等软实力构成，并在战略绩效、制度绩效、顾客绩效、激励绩效、学习绩效、环境绩效等文化效用价值中实时地呈现。笔者早在2006年出版的《文化全面质量管理：从机械人到生态和谐人》一书中就曾指出，在近百年的管理学史中，人们大体仅仅致力于对组织内部所有的"有"展开了管理和研究，而忽略了一个重要事实，即组织内部除了那些看得见、摸得着的有形的人、财、物、产、供、销等外，还有一些本该引起高度重视却一直被忽视的看不见、摸不着的，可被名之为"无"的东西，诸如自生自发的、始终处于流变之中的文化，组织内部的隐形秩序、隐性知识、隐藏动力，等等。20世纪人们一直在谈论的大多只是如何管理那些"有"的问题，而没有针对性地阐释对于"无"的管理。但从终极意义上说，这些"无"更具有决定性意义。老子曾说，"无中生有""有生于无"。从一定意义上说，"无"是一种决定性的力量，始终决定并操控着所有的"有"。并且，我们对所有的"有"所展开的管理，最终很多时候恰恰是为了对"无"展开有效的经营、控制，进而实现真正的"不管理"。组织就管理工作所做的一切，正是为了实现这种"不管理"。或者更准确地说，"不管"是为了实现真正的"管"，"管"是为了实现真正的"不管"。于是，衡量一个组织能否有机管理，衡量一个领导者是否善于管理，可能只有一个标准，那就是"无"，包括是否对"无"进行了管理以及能否做到"不管理"。作为一种散布、弥漫在组织中的看不见、摸不着，又实实在在、随时随地、无孔不入地起着决定性作用的软实力和无形力量，文化管理和治理应当是实现这种"不管理"的正确有效途径。

中国绝大多数企业的文化管理或治理理念并未真正形成，企业文化大多停留在浅表层，提出的一些主张、倡导的一些理念未能在企业的战略管理、人力资源开发、制度设计、团队运营、环境建设等方面得到真正的、一以贯之的落实，没有形成以文化为总纲的企业管理和治理能力。究其原因：一方面，企业高层对企业内部蕴藏着的无形的文化力量缺乏认知，对企业文化及其基因在企业的运营管理、经营业绩以及核心竞争力和软实力的培育、塑造等方面的决定性意义，更是未有正确的认识；另一方面，企业文化是一种无形的力量，往往难以运用有效的方法进行测量或定量分析。组织文化质量(cultural quality of organization,CQO)测评,是根据笔者提出的文化质量管理原理和文化基因解码原理,针对各社群组织(含企业)文化建设的现状,侧重于文化作为一种无形力量的存在及其流变性状的测量,通过对文化的力量与质量、文化的重心与核心、文化断裂和离散程度等企业文化的流变性状的综合考量,探寻组织文化的基因,得出组织文化的战略绩效、管理绩效、团队绩效、激励绩效、学习绩效、环境绩效,并根据相应指标测量值,对其文化质量周期和组织生命周期等做出判断,旨在为各类社群组织营造高质量、有机互动、和合共赢的健康的组织文化,提高组织效率和员工效率,推进组织文化建设,提升组织经营业绩等,提供决策参考和依据。实践表明,组织文化质量量表能够较好地反映组织的文化基因、文化管理和治理现状及组织健康等状况,所得出的一些定量分析结果既能客观地反映组织文化与管理方面存在的问题,也能为各社群组织的高层提供可量化的决策依据和数据。

本书根据拙著《文化测量:原理与方法》(浙江大学出版社 2014 年 6 月版)、《文化基因解码:原理与方法》(浙江大学出版社 2021 年 10 月版)等书中构建的文化管理和文化基因解码原理,运用组织文化质量量表,对一家从事烘焙食品销售的连锁企业(2003 年创办,截至 2022 年底,拥有90 多家门店,员工总数为 2962 人)的文化基因与企业健康进行了探索性的、较为深入系统的诊断和测评。

目　录

第 一 章

文化基因 DNA 和 RNA

一、文化基因 DNA 和 Ｔ－Ａ－Ｐ－Ｃ 文化基因图谱

文化基因这一概念最早出现于牛津大学习性学家理查德·道金斯的著作《自私的基因》中。道金斯认为,文化基因是一个与生物遗传基因相对应的概念,是文化传播或模仿单位。随着人们对文化基因研究的深入,学界已经形成一个基本的共识,即文化基因是人类文化系统的遗传密码,主要通过物质载体得以表现,是游离于意识形态和物质形态文化之间的活跃因子,其核心内容是思维方式与价值观念,且具有唯一性、总体优势性等特性(为了便于与生物基因进行更深入的类比,我们也把文化基因遗传信息的核心因子、要素或元素等称为 DNA 和 RNA)。然而,人们对于文化基因的研究主要集中在文化基因的起源、特性、保护与开发方式上,而对文化基因内容进行系统归类并提出科学的传承、解读、解码路径的研究仍然匮乏。文化基因究竟是什么,众说纷纭,莫衷一是。迄今对于文化基因的研究,大体上出现了试图与生物基因进行类比的研究以及试图保持文化基因研究独立性的"自在"研究两条路径。在这两种路径的研究中,又形成了模仿复制论、因子因素论、思维方式论、动力动因论和类型实体论五个基本论断。[①] 本书坚持关于文化基因的动力动因论,并将根据拙著《文化原动力》(浙江大学出版社 2018 年 11 月版)一书中构建的文化原动力模型来绘制一幅文化基因图谱。

笔者在《文化原动力》一书中强调,一部人类思想史乃至文明和文化史,就是一部在自由意志支持下的批判和反思的历史。反思是一种回溯,批判是一种超越。没有反思,批判极有可能沦落为一种盲动,因为批判需要普遍意义上的反思[②];没有批判,反思亦难以开启。批判可以认为是一

---

① 吴福平,李亚楠.文化基因概念、理论及学术史批判[J].深圳社会科学,2020(5):56-60.

② 黑格尔.小逻辑[M].贺麟,译.北京:商务印书馆,1980:145.

种从普遍到特殊的判断能力,由此决定了,只有用全人类的思想和智慧武装起来的人才可能做出相对正确的批判。反思可以认为是一种从特殊到普遍的判断能力,由此决定了,反思不仅是一种高度概括和抽象的能力,而且,迄今为止,不得不承认,人类的反思依然在路上。因此,批判和反思还需要有一个宏观的背景或前景,有一个共同规定、共同基础:自由意志。没有自由意志,深刻和全面的反思是难以实现的;没有自由意志,进行正确、正当和客观的批判,也势必困难重重。因此,运用自由意志、反思和批判等几个简单的词语来阐明人类文化和文明发展的进步性或障碍性动力,显然有着重大而深远的理论和现实意义。在文化哲学意义上,自由意志(主要是求善)、反思(主要是求真)和批判(主要是求美),可以被进一步确立和确证为文化原动力或其核心要素。一个时代只有具有自由意志(求善)及反思(求真)、批判(求美)精神,社会才能获得持久和可持续的发展动力。因此,这些精神可以被确定和确证为文化的原生性、内生性的原动力。进而,拙著《文化原动力》系统地论述了如图 1.1 所示的学理基础和理论渊源及其内在逻辑,试图为文化原动力及其传导机制、基本规律的研究奠定基础。文化原动力可以被视为真正的文化基因,因此,根据文化原动力模型便可以绘制一幅文化基因图谱。

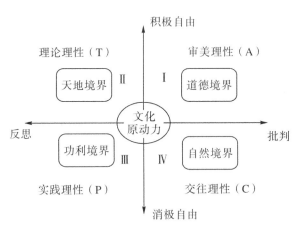

图 1.1　T-A-P-C 文化基因图谱

关于图 1.1,简要说明三点:

第一,德国古典主义哲学家康德认为:所谓积极自由,是指单纯的、无条件地实践的纯粹理性自己立法意义上的自由;所谓消极自由,是指独立于一切经验质料和欲求客体的自由。积极自由是一种完全自律的自由,因而能催生神圣的职责和义务,进而使道德法则"赢得威望"①;消极自由是一种他律的自由,很大程度上相当于黑格尔所说的"形式自由"而非"真正的自由"。消极自由不但不能催生义务,很多时候还与德性意向正相反对。在《德意志意识形态》中,马克思、恩格斯明确提出,共产主义的本质是实现"人的自由和全面发展"②;他们在《共产党宣言》中强调,"每个人的自由发展是一切人的自由发展的条件"③。马克思主义在对德国古典哲学和资本主义的反思与批判中,把人间的自由或者说是实践哲学意义上的自由推向了极致,让自由进入了人类历史的实践长河,进而为自由意志进入历史创造了"历史"的条件,奠定了"历史"的基础,从而把上帝彻底、干净地赶出了共产主义的自由世界。这充分说明,马克思主义的自由观不仅超越了德国古典哲学意义上的自由,成功地克服了康德及黑格尔等认识论上无法克服的困难,而且把自由拉回到了人间,拉回到了劳动和实践领域。马克思主义的自由观、文化观表明,共产主义真、善、美的理想才是不竭的也是真正的、内容意义上的文化原动力。与此同时,人类社会的发展和进步,既需要自由和自由意志,也需要批判和反思的精神与能力。批判和反思可以为自由意志筑起一道防火墙;批判和反思都必须在积极的、真正的而非消极的、形式的自由意志的帮扶与支持下,才能正确、合法地展开。如若不然,不但不能自由地展开批判和反思,也必然无法展示批判和反思的功能与作用,难以为理性展示和规定实践法则、道德义务与神圣职责,也就不能为理性的求真、求善和求美开辟通道,批判和反思

① 康德. 实践理性批判[M].韩水法,译.北京:商务印书馆,1999:34-35.
② 中共中央马克思恩格斯列宁斯大林著作编译局.德意志意识形态[M].北京:人民出版社,1961:6.
③ 中共中央马克思恩格斯列宁斯大林著作编译局.共产党宣言[M].北京:人民出版社,1997:11.

也必然失去理想与目标,进而也就不可能成为文化和文明的原动力。批判和反思显然具有同等重要的意义。反思离不开批判,批判也必须经过严格的反思。没有经过反思(求真)的批判,是非理性的,也难以实现求美(当然也包括求善)的目的;没有批判或没有批判性思维的反思一定是浅表、浅薄、浅陋的反思,不可能达到求真(当然也可以包括求善、求美)的理想和目标。反思越是深入深刻,批判才越可能有力和有效;批判越鞭辟入里,反思才可能越发深刻和全面。因此,批判和反思完全可以看成两个具有对立统一意义的维度。为了更清晰地表达以及区分积极自由和消极自由的"最内在的动机",拙著《文化原动力》还据此构建了一个以批判和反思、积极自由和消极自由为两对维度的文化原动力模型,也就是如图 1.1 所示的文化基因图谱。

　　第二,当代德国著名哲学家、社会学家哈贝马斯把哲学意义上的理性区分为四种:理论理性(theoretical rationality,缩写为 T,即纯粹理性)、审美理性(aesthetic rationality,缩写为 A)、实践理性(practical rationality,缩写为 P)、交往理性(communicative rationality,缩写为 C)。[①] 康德通过著名的三大批判完成了前三种理性的阐述和理论建构,哈贝马斯则完成了交往理性的理论构建。康德的理论理性和审美理性都是在积极自由的框架下阐发的。理论理性是一种独立于一切经验的、自由的和纯粹的理性;审美理性是一种无概念的反思判断能力,一种独立于一切经验质料和欲求客体的自由能力。因而,审美理性和理论理性一样,均属于积极自由范畴。相反,实践理性并非无条件地实践的,因而处于消极自由状态,只有纯粹实践理性才把至善和积极自由作为奋力追求的最高理想。哈贝马斯提出了把意义、理解、互动、交往、规则、秩序置于社会生活的中心的交往理性,认为现实社会中的交往行为体现着以互相理解、建立沟通为目的的交往理性。依靠交往理性,才能生发出富有命题真实性、规范正确性、主体真诚性的交往行动。哈贝马斯的交往理性所要解决的正是处于消极

---

① 哈贝马斯. 后形而上学思想[M]. 曹卫东,等译. 南京:译林出版社,2012:137-152.

自由场域的问题。因此,我们可以将理论理性、审美理性、实践理性、交往理性分别纳入如图 1.1 所示的四个象限(或四个区域)。理论理性和实践理性都需要通过对自由意志的反思而保持理性,因而分属于 Ⅱ、Ⅲ 象限;审美理性和交往理性都要求具有可批判性而做出反思性的判断,故而分属于 Ⅰ、Ⅳ 象限。显然,这四种理性都是在自由意志的助推下,展开批判和反思的结果。因此,以自由意志为核心、以批判和反思为两翼构建的文化原动力模型,可以把理论理性、实践理性、审美理性和交往理性纳入其中。文化原动力模型是一个思想坐标系,也可称之为文化基因图谱,而四种理性,即理论理性(T)、审美理性(A)、实践理性(P)、交往理性(C),则可以看成文化基因的四种碱基。人类文化多样性由此而生发。

第三,在中西哲学上,知和未知、积极自由和消极自由之间都有一条界线。冯友兰认为,越过这条界线,达到不可言说、不可思议之境,西方哲学以为极乐,印度哲学谓之涅槃,而中国哲学没有这么极端,越过界线的实际效果是提高人的生活境界,以改进人。[①] 冯友兰进而认为,人生应当有四种境界:自然境界、功利境界、道德境界、天地境界。自然境界、功利境界处于消极自由状态,道德境界、天地境界则处于积极自由状态。[②] 也就是说,越过界线,虽不能说意味着什么,但可以作为一种由哲学达到的理想人生的追求。因此,可以认为,冯友兰所说的四种境界,也刚好可以纳入 T-A-P-C 文化基因图谱的四个象限之中。

归结前述,可以认为,文化基因于理性(即 T、A、P、C 四种理性),钟灵于天地,臻备于道德,玉成于事功,整饬于存在。同时,需要指出的是,人生虽则可以有自然境界、功利境界、道德境界、天地境界四种境界,并且在冯友兰看来,越趋近于天地境界,人生境界越高,但是,一个社会既需要仰望天空、思考探索的人,也需要脚踏实地、求取事功的人。对于推动区域经济社会发展的文化基因而言,这四种境界以及前述的交往理性、实践理性、审美理性、理论理性必须同时兼备,才可以被认定是自由和全面发

---

① 冯友兰.中国哲学与未来世界哲学[J].涂又光,译.哲学研究,1987(4):39-44.
② 冯友兰.新原人[M].北京:三联出版社,2007:110.

展了的人,才可能出现一个具有优质文化基因的社会和真正文化了的世界。此外,从文化基因的角度来看,孔夫子曾说过:"知者乐水,仁者乐山。"背靠大山,山里人大多有着与生俱来的厚重、刚毅和执着,因此具有较强的反思能力和反思精神基因;濒水而居的人则大多富有水的灵性、活力和智性,因此具有较强的批判能力和批判精神基因。虽然,这是相对而言的,但是在文化基因解码中则不妨用以部分地说明农耕文明和海洋文明、内陆山区文化和沿海平原文化等文化上的些差异性,因而,也将孔夫子说的知水、仁山纳入文化基因图谱。这样,运用 T-O-P-C 文化基因图谱便可以基本解读出一个区域文化形态的基因及基本状况。文化既是"自然的人化",也是"人化的自然",说到底则是"人的活法"。因此,解读了"人",一方面,可以对一个地区、一个社会、一个族群的文化基因进行解码,并展开全面梳理和深入研究;另一方面,还可以从具有四种理性和四种境界的人的多寡强弱,来比较其文化基因的优劣,进而提出一些基因改造和重组策略。通常来说,中国历史上的仁人志士、豪侠英杰等都可以认为是具有天地境界的人,在文化基因上富有理论理性(T),即具有 T 碱基;洁身如玉、德艺高士则可以认为是具有道德境界的人,在文化基因上富有审美理性(A),即具有 A 碱基。相对来说,任何一个社会有着 T、A 碱基的人越多,文化基因便越优质,社会也可能越和谐。大儒妙医、能工巧匠等则可以认为是具有功利境界的人,在文化基因上富有实践理性(P),即具有 P 碱基;能主良臣、名将义勇等则可以认为是具有自然境界的人,在文化基因上富有交往理性(C),即具有 C 碱基。相对来说,任何一个社会富有 P、C 碱基的人越多,则活力越强,能成就功业、扬名立万的人可能也越多。

运用本书给出的文化基因图谱来解读浙江的文化基因,就可以得到更多的启迪。王志纲在《上帝为什么钟爱浙江》一文中提到,浙江从古至今那么多的人才究竟从何而来?浙江在全国范围内那么大的名声又是从何而来?在中国 30 多个省份中,你很难找到第二个地方能有如此多的正面评价,仿佛上帝对浙江钟爱有加。解读浙江的基因密码,显然不应从上帝的"钟爱"之中下功夫。浙江"七山一水二分田",大致可分为浙北平原、浙西丘陵、浙东丘陵、中部金衢盆地、浙南山地、东南沿海平原及滨海岛屿等六个地形区,既有山的内敛和厚重,又有平原的豁达和开朗,也有海的壮阔和开放,更有水的灵性和活力。浙江既有阳明心学,强调"致良知",主张"知行合一",又有永嘉事功学派,提倡"事功"之学,反对虚谈性命;既有仰望星空之学,又有脚踏实地的事功之学——这些显然都是浙江文化基因的独特禀赋和得天独厚的优势。浙江既有富有纯粹(理论)理性(T)、具有天地境界的人,也有富有审美理性(A)、具有道德境界的人;既有富有实践理性(P)、具有功利境界的人,也有富有交往理性(C)、具有自然境界的人。千百年来,浙江这一方土地山水,绘就的正是一幅恢宏、完整的文化基因图谱。

二、文化基因 RNA 及 mRNA 密码子表

根据马克思主义文化观,文化基因源自人们的劳动、实践和交往,或者如贺麟所说,文化即是"人的活法"。而大凡人类成熟的活法无不基因于理性。文化基因 DNA 的四种碱基即为:T(理论理性、天地境界)、A(审美理性、道德境界)、P(实践理性、功利境界)、C(交往理性、自然境界)。在当代哲学的原初意义上,人类有且仅有这样四种理性,且具有逻辑上的周延性,在人类理性原始意义的分类上具有其独特性、唯一性和必然性,同时,因其既是文化发生的原初动因也是其必然结果,亦即文化的原动力,因此可以判定为人类文化的基因。这样,文化便拥有了与生物基因 A(腺嘌呤)、G(鸟嘌呤)、C(胞嘧啶)、T(胸腺嘧啶)四种碱基相类似或相对应的四种碱基(生物基因亦当是生物机体衍生、演化、发展及消亡的本初原因和原动力)。

那么,文化基因 RNA 的碱基应当是什么呢?从生物基因 RNA 的功能看,碱基最重要的功能是承担遗传信息 DNA 的翻译、转录工作,它是能让 DNA 的遗传信息活动和运作起来的遗传信息与密码。文化 RNA 也应当与之类似,我们也可以把承担文化遗传信息 DNA 的翻译、转录功

能的基因，称作文化的 RNA 基因。在生物分子中，RNA 只有 1 条链，它的碱基组成与 DNA 不同。RNA 中的碱基也有四种，即 A、G、C、U（尿嘧啶），没有 DNA 中的碱基 T。因此，在以 DNA 为模板合成 RNA 时，需要以 U 代替 T。生物基因研究表明，之所以要用 U 代替 T，是因为 U 比 T 少了一个甲基，而且，RNA 在进化上很可能先于 DNA 出现，自然界选择 DNA 代替 RNA 作为遗传物质载体的一个重要原因，可能是 DNA 在性状上更稳定。T 其实可以看成经过甲基化修饰的 U，考虑到现在已知的甲基化修饰所起的保护作用，可能当初 DNA 就是因为 U 被甲基化修饰成了 T，而不易被某些酶降解，才显得更为稳定。简要地说，在生物基因的碱基中，U 和 T 在结构上很相似，只是 U 在被甲基化修饰前，比 T 更活跃。拙著《文化原动力》曾指出，文化动力的核心要素是马克思主义的自由理性，并且自由即美。要驾驭这种具有美的特质的自由，首先必须防范其陷入波普尔识别出的关于柏拉图的"自由悖论"，同时还需要防止其溢出马克思主义所倡导的劳动和实践领域，或者是哈贝马斯所说的生活世界。进而可以认为，马克思主义的自由理性本质上找到了劳动的、实践的、人间的自由和美，唯有自由才能让文化 DNA 的四种碱基运动起来。并且，因为自由即美，便可以进而用自由理性，即 O（因为哲学上"零存在"的经验直观即自由，因而不妨以字母 O 代替），代替文化 DNA 基因中的审美理性 A。这样，便可以把文化 RNA 的四种碱基确定为 T、O、P、C。

　　文化 RNA 中的碱基 O，类似于生物化学上所说的自由基。自由基又称游离基，它有一个重要特性是化学反应活性极高，非常活泼，通常无法分离得到。这与哲学上所说的"零存在"以及在社会科学领域通常所谈论的自由极其类似。哲学所说的"零存在"，是因其在而不在，因其不在而在的，因而也非常活泼，并且通常也是无法分离得到的某种"在"。正如自由存在"自由悖论"，生物化学上的自由基也是一把双刃剑。认识自由基和了解自由基对人体的作用，对健康十分必要。一般情况下，生命是离不开自由基活动的。我们的身体每时每刻都在运动，每一瞬间都在燃烧能量，而负责传递能量的搬运工正是自由基。当这些协助能量转换的自由基被封闭在细胞里不乱跑乱窜时，它们对生命是无害的。而如果自由基的活动失去控制,超过一定的量,生命的正常秩序就会被破坏,疾病可能随之而来。因此,人们非常需要了解自由基对人体的作用。

认识文化 RNA 中的碱基 O,即自由理性这一"自由基",显然也很重要。在康德那里,自由即善,因为康德的道德法则可以径直导向自由概念。在海德格尔那里,自由即真理,因为海德格尔认定"真理的本质乃是自由",真理的"此在"即自由。然而,让自由迟滞于真、善,却有着明显的缺陷。其一,在柏拉图看来,"善是知识和真理的源泉,又在美方面超过这两者"。同时,虽然善本身不是实在的,但是在地位和能力上要高于实在的东西。可见,善大于真。由此看来,真、善、美三者有着固有的次序,即美、善、真,且美大于善,善大于真。反过来,则可以认为,至真必善,至善必美。所以,在柏拉图那里,美应当是最高追求。其二,康德已经认识到,审美判断是通过不带任何利害的愉悦或不悦而对一个对象做出评判的能力,美是一种"共通感的理念",是没有概念而被认作一个必然愉悦的对象。而且,只有人才具有与目的协调一致的审美评判能力,并因此成为"美的一个理想"①。

由此深入,"没有概念"就可以是某种意义上的自由,因而,美本身就可以是自由或自由的对象,而真与善却都是观念性、利害性的存在或实在。美在地位和能力上不仅高于如柏拉图所阐发的本身不是实在的善,更高于具有显著实在性的真。其原因正在于美作为一种不带任何利害的愉悦或不悦,"没有概念"而被认作一个必然愉悦的对象的东西,其本质正是自由。由此,就不难理解,为什么恩格斯说,文化上的每一个进步都意味着向自由迈进。这同时又决定了,自由具有很高的价值。就公共领域言之,这种自由也便是一个社会和谐有序发展的"最初动力的动力",也是"最后动力的动力"。现在看来,生物基因 RNA 中的碱基 U 是否具有文化基因 RNA 中的碱基 O 的特性,还需要生物学界进一步的验证;文化基因 RNA 中的碱基 O 因其在文化机体中的功能和作用的存在,却可以认为是成立的。这样,在生物基因 RNA 中,A 与 U 配对,C 与 G 配对,G 与

---

① 康德. 判断力批判[M]. 邓晓芒,译. 北京:人民出版社,2002:37-40.

U配对;相应地,在文化基因RNA中,也可以认为,T与C配对,P与O配对,C与O也可以配对(其原因正在于文化基因RNA中O与T两个碱基的独特性、功能和作用,具体详见拙著《文化基因解码:原理与方法》)。这既说明文化RNA四种碱基与生物RNA四种碱基的严格的对应性,本质上或者也可用以论证生物基因RNA乃至一些生物现象存在的本体性原因。

在此基础上,还可以根据生物基因碱基运算法则,推导出文化基因碱基相对应的运算法则,并且找到文化基因mRNA(信使RNA)的64个密码子,进而,着手对文化实体或文化形态展开基因解码,也便于把一切优秀文化中独特的精神标识提炼出来,建设"物理分散、逻辑集中、政企互通、事企互联、数据共享、安全可信"的文化大数据体系(见表1.1)。

表 1.1　文化遗传信息 mRNA 中的 64 个密码子

第一个字母	第二个字母				第三个字母
	T	O	P	C	
T	TTT	TOT	TPT	TCT	T
	TTO	TOO	TPO	TCO	O
	TTP	TOP	TPP	TCP	P
	TTC	TOC	TPC	TCC	C
O	OTT	OOT	OPT	OCT	T
	OTO	OOO	OPO	OCO	O
	OTP	OOP	OPP	OCP	P
	OTC	OOC	OPC	OCC	C
P	PTT	POT	PPT	PCT	T
	PTO	POO	PPO	PCO	O
	PTP	POP	PPP	PCP	P
	PTC	POC	PPC	PCC	C

续表

第一个字母	第二个字母				第三个字母
	T	O	P	C	
C	CTT	COT	CPT	CCT	T
	CTO	COO	CPO	CCO	O
	CTP	COP	CPP	CCP	P
	CTC	COC	CPC	<u>CCC</u>	C

在生物基因中,信使 RNA(mRNA)中每相邻的三个核苷酸(碱基)编成一组(密码子),在蛋白质合成时,代表某一种氨基酸的规律。信使 RNA 在细胞中能决定蛋白质分子中的氨基酸种类和排列次序。信使 RNA 中的四种核苷酸的序列能决定蛋白质分子中的 20 种氨基酸的序列,在信使 RNA 分子上的三个碱基能决定一个氨基酸。构成 RNA 的碱基有四种,每三个碱基的开始两个决定一个氨基酸分子。从理论上分析碱基的组合有 4^3 即 64 种,64 种碱基的组合即 64 种密码子。那么,为什么每三个碱基可以决定一个密码子? 这在生物学上目前是没有明确答案的。如果从文化哲学的角度看,或者说,仅就文化 RNA 四个碱基而言,基本可以这样来看:拙著《文化原动力》中曾指出,老子的"三"兼具内容和形式意义,相当于康德在论及同时并在原理时所说的"某某事物"。康德指出,"事物在其存在同一时间中之限度内为同时共在"。这是因为,首先,我们能经验地感知到事物的同时共在性。德语中"同时共在"即"共同相处",可以理解为相互关系,亦可理解为交相作用。康德采用了后一种含义,即"同时共在"或"共同相处"为交相作用之意,是"指力学的共同相处而言,盖无此力学的共同相处,则即位置的共同相处,亦绝不能经验的为吾人所知"[①]。经由"经验表象之连锁"而推导出经验表象的"共同相处"的关系,由此不得不叹服康德的洞察力和思考力。其次,正因为我们能感知到事物的"共同相处"关系的存在,才可以证明事物必然具有同时

---

① 康德.纯粹理性批判[M].蓝公武,译.北京:商务印书馆,1960:189-191.

共在性，而且，即便是最远的事物，亦当如此。归结前述两点，康德进而得出，"故现象领域中之一切实体，在其同时共在之限度中，应在彼此交相作用之彻底的共同相处之关系中云云，实为所必须者"。

由上可见，康德的"同时共在"有两个要点：一是表象世界或事物是同时共在的，不然就会因为表象间"无丝毫联结，且无任何之时间关系"而无以获取经验"表象"；二是一切事物，即便是最远之事物，都是彻底地交相作用在一起的。根据"同时共在"原理，可以认为，康德实质上已经推导出了老子的"三"的形式意义："故除甲与乙纯然之存在以外，必须有甲对于乙及乙又对于甲所由以规定其在时间中位置之某某事物，盖唯有在此种条件下，此等实体始能经验的表现为同时共在。"①也就是说，"甲与乙纯然之存在"之外还有"某某事物"，且正是因为"甲与乙纯然之存在"彻底地交相作用在一起，才出现了这个"某某事物"，并且规定了"甲对于乙及乙又对于甲"在时间中的位置。因此，这个"某某事物"的功能和作用体现为，既表明了"甲与乙纯然之存在"（所以能经验地感知两者的存在），也表明了"某某事物"在规定了"甲与乙纯然之存在"在时间中的位置的同时，也规定了自身的同时共在性。我们认为，这个"某某事物"本质上就是老子的"三"，而且，既是纯粹形式意义上的"三"，也是现象层面的内容意义上的"三"。老子极有可能正是在此意义上才得出"一生二，二生三，三生万物"这样的判断，而经过康德的论述，已经可以明白清晰地得出，纯然存在甲与乙及两者交相作用中产生的"某某事物"必须"同时共在"，一切现象自然和必然地都必以"三"的"同时共在"的形式而存在；并且，本质上我们满眼看到的都是这个"三"。因此，在生物基因中，在现象领域，在原始本初意义上，每三个碱基不仅必须"同时共在"，而且，必然在"三"者"同时共在"的意义上参与到生物世界的一切运动之中。这样，拥有四种碱基的生物基因拥有 64 种密码子也就顺理成章了。还需要强调的是，虽然是生物基因 DNA 和 RNA 的研究启迪了文化基因的研究，但是文化基因 DNA 和 RNA 的揭示，不仅可以探寻到生物基因的本体性原因，生物基

①　康德.纯粹理性批判[M].蓝公武,译.北京:商务印书馆,1960:189-191.

因在本质上极有可能仅仅是文化基因的一种现实表达,亦即文化基因在物质世界所呈现的一种"现象",而且,随着文化基因研究的深入,或者还能解开生物和自然界很多令人迷惑不解的谜团。

第二章

文化质量与组织健康

一、文化质量概念的提出

1911 年，美国弗雷德里克·温斯洛·泰罗的《科学管理原理》(*The Principles of Scientific Management*)一书的出版，标志着现代意义上的管理学的正式诞生。从那时起，管理思想和管理理论经历了古典管理理论阶段、行为科学阶段以及被美国加州大学洛杉矶分校的孔茨教授认为的有着"管理学丛林"现象的现代管理理论阶段。在管理学近百年的发展历程中，绝大多数的学派都把视角聚焦在组织内部如何计划、组织、指挥、协调和控制上，除了以卡斯特等为代表的系统管理学派和以卢丹斯等为代表的权变理论学派外，都较少把触角伸到组织外，而以马克兰特等为代表的管理科学学派则明显存在着"返祖"(回到泰罗时期)现象。当代，由美国通用电气公司的费根堡姆和质量管理专家朱兰提出的全面质量管理理念把质量管理从管理始点(供应商)，途经组织自身(坚持"持续的质量改进"等)，一直贯彻到管理终点(顾客)，这显然是富有开创性的，因为它终于使管理工作极其明确地、可操作地弥合了组织内外的鸿沟。而拉塞尔·M. 林登，在通用电气公司总裁杰克·韦尔奇无界限组织的基础上，提出了在工业化模式影响下，按照亚当·斯密的《国富论》中分工原则设计的组织实施"无缝隙"再造，则又使组织内部的"柏林墙"彻底倒塌，使组织在面对顾客社会时，更加柔性化，更具流动性，更有效率，更富竞争力。

彼得·圣吉在《第五项修炼：学习型组织的艺术与实践》(*The Fifth Discipline: The Art and Practice of the Learning Organization*)中提出，要通过自我超越、团体学习、改善心知模式、建立共同愿景和系统思考等五项修炼，改变人们把工作仅仅当成是获取收益的工具的工具性工作观，努力使人们走出经济与美德不可兼容的误区，进而着力避免"市场经济沦落为市场社会"，全面确立更加关注人的精神层面的工作观，以建立更适合人性的组织，这显然是对全面质量管理和"无缝隙"再造理念的有益提升。管理学发展至此，如果按照弗朗西斯·福山的逻辑，似乎也就可以"终结"了。因为，如果说全面质量管理理念弥合了组织内外的鸿沟，组织通过"无缝隙"再造，进一步拆除了组织内部人为筑造的职能"围墙"，此两者显然可以看成在组织结构等"硬件"上所做的努力；而彼得·圣吉试图通过五项修炼来全面推进组织学习，主要是试图在组织内部"软件"上做出努力。管理学既然找到了"硬件"和"软件"，似乎万事俱备了，于是也就可以"终结"了。

然而，管理学显然尚欠"东风"。正如帕斯卡在《人是能够思想的苇草》一文中指出的，"我们全部的尊严就在于思想之中"。从管理思想史中，我们可以发现，对人的不同认识所催生的人性假设直接决定了不同的管理思想和管理方式。而对人的认识和人性假设大抵上经历了古典管理理论阶段泰罗、法约尔、韦伯等的机械人、经济人、理性人假设，以及行为科学阶段基于霍桑实验提出的社会人假设。基于彼得·圣吉在《第五项修炼：学习型组织的艺术与实践》以及杰克逊在《系统思考——适于管理者的创造性整体论》(*Systems Thinking : Creative Holism for Managers*)中极力倡导的系统思考管理理念，我们不妨把他们对人的认识和人性假设界定为"系统人"假设。然而，在"系统人"假设里停步不前，是远远不够的。这是因为，虽然彼得·圣吉使系统思考的管理理念声名远扬，但正如一些批评者所指出的那样，"人类是通过他们的意愿、动机和行为塑造各种社会系统的。如果我们想要洞悉社会系统，就必须了解这个世界上单独的社会参与者所持的各种主观解释。社会结构是在对世界观的协商及重新协商过程中涌现的"[1]。而彼得·圣吉所倡导的系统思考试图"从外部'客观地'研究社会系统时，恰恰遗漏了这一点"[2]。这就是说，我们要想对社会结构、社会系统做出解释进而着手管理，就必须对参与者的意愿、动机、行为以及他们的协商和重新协商的过程有深入的了解与理解。而参与者的意愿、动机、行为以及他们的协商和重新协商过程，本质上正

---

[1]　杰克逊.系统思考——适于管理者的创造性整体论[M].高飞,李萌,译.北京：中国人民大学出版社,2005：78-79.

[2]　杰克逊.系统思考——适于管理者的创造性整体论[M].高飞,李萌,译.北京：中国人民大学出版社,2005：71-72.

是为文化所控制的,或者它们本身就是文化的一部分。在我们看来,与其说"人是最名副其实的社会动物"(马克思语),不如说人是实实在在的文化动物。拉里·A.萨莫瓦尔、理查德·E.波特在《跨文化交流》(*Cross-cultural Communication*)一书的序言中指出,文化背景和文化经验直接决定了一个人在这个世界上的行为方式,以及这个世界呈现在这个人面前的式样。① 于是,我们认为,为了建立彼得·圣吉所追求的更适合人性的组织,就该明确坚持"文化人"假设,以展开管理思想、管理理论的构建和管理实践。

在我们看来,只有坚持"文化人"假设,并引入文化质量管理理念,才能使我们的管理更契合人性的本质,也更有利于我们对这些"文化人"展开有效和有机的管理,进而实现建立更适合人性的组织的目标。杰克逊在《系统思考——适于管理者的创造性整体论》一书中,简要地回顾了迄今为止人们关于组织的9种形象化比喻(机器、有机体、大脑、变迁和转换、文化、政治系统、统治工具、心灵监狱、狂欢节),以及关于社会学范式与组织分析方面存在的4种范式(功能主义范式、诠释范式、解放型范式、后现代范式)。限于篇幅,这里不予转述。我们这里要说的是:现代主义者把对组织的认识最终拓展到了诸如心灵监狱之类的比喻,因此他们对职权"怀有戒心",并希望对现状展开批评,鼓励对现有社会秩序、组织现状进行激进的变革;而后现代主义者则"挑战并嘲笑那些被认为是对组织如何运转提供全面解释的'总和'尝试",他们提倡多样性、多元化,认为组织不应该"太严肃",而应该强调"开心",所以组织即"狂欢节"。② 我们认为,所有这些比喻、范式以及系统思考方法都只不过是一种文化现象,而且,现代主义与后现代主义最后的论争也聚焦在心灵的自由和以什么样的方式达致自由的问题。而触及心灵和世界观的问题,说到底便是一种文化问题。

---

① 萨莫瓦尔,波特.跨文化交流[M].5版.北京:北京大学出版社,2004:8.

② 杰克逊.系统思考——适于管理者的创造性整体论[M].高飞,李萌,译.北京:中国人民大学出版社,2005:69-70.

由此看来,尽管把组织比喻为文化可能也有其局限性,"文化比喻的批评者声称这种比喻转移了对组织成功的重要方面的注意力,比如达到目标、设计适当的结构、管理各种资源,等等。这个比喻还可能导致组织对雇员的意识形态控制"①。然而,必须看到,当我们设计好了组织适当的结构,组织好了人、财、物等各种组织要素和资源,要管理好这些要素、资源并达到既定目标时,组织文化问题便自然被提上了议事日程。这是因为,任何一个组织要顺利达到既定目标,没有一个文化的核心,没有文化这样一种黏合剂、润滑剂、催化剂,没有进行文化的革新,是绝无希望的。无论组织是什么,它始终都由文化控制着;而像后现代主义者所倡导的那样,去过"狂欢节"的组织生活,同样是不可想象的。在这样的组织生活中,组织成员恐怕亦无精神愉悦、精神寄托可言,而最终必陷于工具性工作观的泥淖。如果把组织成员寻求精神愉悦、精神寄托,也看成一种意识形态控制,那么,组织成员恐怕也乐于接受这种控制,因为这可能也是一种人们不得不接受的文化控制。所以,杰克逊到最后也不能不承认,把组织比喻成文化,即看成一个文化实体,尽管在目前已知的危机中是以一种从属形式出现的,却似乎更加有启发性。他在指明了所有这些比喻、范式以及建立于这些比喻和范式之上的所有系统思考方法的独到之处及局限性后,认为有必要整合所有的方法,并且"创造性地、整体地、以不同方式综合地使用各种系统方法",这就是他所倡导的创造性整体论。② 其本质上就是希望各种系统思考的方法、各种比喻和范式之间能够"和而不同",这就必然需要一种"和而不同"的组织文化来支撑。在我们看来,要实现杰克逊倡导的建立在创造性整体论基础之上的系统思考,同样需要一种文化控制,同样需要对人性问题做出"文化人"的界定。

值得关注的是,对人的认识和人性假设新近又拓展到了"生态和谐人"假设。这种人性假设以实现人—人、人—自然和人的身—心的和谐关

---

① 杰克逊.系统思考——适于管理者的创造性整体论[M].高飞,李萌,译.北京:中国人民大学出版社,2005:112.

② 杰克逊.系统思考——适于管理者的创造性整体论[M].高飞,李萌,译.北京:中国人民大学出版社,2005:32 - 37,267,277.

系、和谐发展为目标，希望通过"以生态和谐为价值取向的考核体系、绩效评估、分配制度、激励和约束机制、学习性组织、信息网络"①等有效手段，使全体组织活动参与人确立生态和谐理念，学习生态和谐思维，培养生态和谐能力，进而走出一条在组织内外全面营造和衷共济的有机和谐的共赢局面，实现经济、社会、生态的可持续发展的绿色管理之路。毋庸置疑，"生态和谐人"假设是对"文化人"假设的有益提升和全面拓展，这一假设对于实现经济、社会、生态的可持续发展和人的全面发展，都具有根本意义。

在我们看来，一方面，通过"生态和谐人"假设来走绿色管理之路，正是后现代主义对现代主义展开深刻的反思和有选择的否定与扬弃后结出的人类精神领域的又一硕果，是人类道德观、价值观，尤其是生态伦理观的又一次历史性的转型和升华。首先，这一转型和升华预示着中国人"天人合一"思想和"人法地，地法天，天法道，道法自然"的理念将历史性地重返世界文化舞台；其次，我们不能不看到，涉及人类精神领域的道德观、价值观等问题，说到底正是一种文化问题。显而易见的是，一方面，要使组织活动的参与者真正确立起生态和谐理念，习得生态和谐思维和生态和谐能力，没有与之相适应的组织文化的支撑，是不可想象的；另一方面，"生态和谐人"假设在组织内部强调"达成一种'君子和而不同'的境界，形成一种'赏罚分明、责权明晰、竞争合作'的管理机制"②，本质上是要创建一种"和而不同"的可称之为生态型的组织文化；在组织外，要实现人与自然的和谐、协同、可持续发展，本质上也正是要实现人与自然的"和而不同"。在我们看来，"和而不同"才是组织文化需要追求的至高至善的目标，"和而不同"的组织才是一个健康快乐的组织，"和而不同"的组织文化才是我们所要倡导的一种最高质量的组织文化。于是，可以认为，"生态和谐人"更应该是管理工作要实现的终极目标，而不应该仅仅作为一种人

---

① 黄志斌.论管理中的绿色和谐人假设[J].东南大学学报，2003(3)：35-38.

② 孙健.管理学视野中的生态和谐人假设及其实现[J].西北师大学报(社会科学版)，2004(5)：123-130.

性假设,因为它将有利于我们建立真正的更适合人性的健康和谐的组织;要实现这一终极目标,文化质量管理显然是首要的和急需的。

二、文化全面质量管理与组织健康

文化是有质量的,这就催生了一个如何有效提升和全面管理文化的质量问题。一般意义上说,高质量的文化总是显得开放、进取、流动、透明、兼容、科学、民主、善治、俭朴、务实、厚德……相反,劣质文化则总是显得封闭、保守、僵化、神秘、排异、迷信、独裁、恶治、奢靡、形式、浮夸……这就使得劣质文化的再造、重塑、整合、创新既显得迫切又具有实践意义。提高文化的质量成了大至一个国家(民族),小到一个区域、一个社群组织亟须高度重视的问题。同时,这又使得文化成为一种资本,成为核心竞争力。"文化——价值和制度的系统及其更具体化的要素——构成了社会中人力资本的重要组成部分:它对于如何有效地转化劳动、资本、自然这些物质资源去服务人类的需求和欲望具有重要的影响。因此,我们称其为'文化资本或社会资本'。"①文化既然成了一种资本,当然是有质量的,高质量的文化在推动经济增长与社会进步方面具有根本意义。

回溯质量管理的前三个阶段,我们可以得出,现在已经进入质量管理的第四个阶段,即文化质量管理阶段。这是质量管理的新时代,一个不可逾越又必须引起高度重视和警觉的时代。可以这样说,在当今时代,文化是一种核心竞争力,谁忽视文化质量管理,谁轻视高质量文化的塑造、培植,谁就会在新一轮的文化竞争与文明冲突中败阵。这几乎已经成为人们的共识。

一般认为,质量管理发展的前三个阶段是:第一,质量检验阶段。这是质量管理的最早阶段(或初始阶段),是社会发展中专业分工的必然结

① 柯武刚,史漫飞.制度经济学——社会秩序与公共政策[M].韩朝华,译.北京:商务印书馆,2003:199.

果,最早可以追溯到 18 世纪末。20 世纪 40 年代以前基本上属于这一阶段。第二,统计质量控制阶段。由被动的事后把关变为积极的事先预防,这是一个很大的进步。第三,全面质量管理阶段。全面质量管理(total quality management,TQM,或称总体质量控制)的概念有三个含义:一是单靠数理统计方法来控制生产是不够的,还需要组织管理工作;二是产品质量是在质量螺旋提升中形成的,包括市场调查、设计、生产、检验、销售,等等;三是质量不能脱离成本。"全面质量管理不应与传统的质量控制相混淆,其目的不是检查产品或服务,从而消除不满意的部分,而是把质量纳入生产过程以达到令人满意的结果。"①这就需要让不断改进的理念深入人心,直至在组织中深深扎根。因此,全面质量管理的重点在于"全面"二字。所谓全面,就是要求人们学会把工作当成是一项生产进程的中间点,起点是供应商,终点是顾客,也就是把质量管理从供应商开始一直贯彻到顾客这一管理终点。具体有三项简单的业务活动:一是与你的供应商协作,确保生产过程中使用的供应品是根据你的需要设计的;二是坚持不懈地进行员工工作过程分析,改进工作,减少工作过程中无谓的重复;三是与顾客密切交流,明确和理解他们的要求及对质量的评定,满足和超越顾客的期望。

总的来说,全面质量管理主张:对现在所从事的工作进行思考,对实施任务的流程进行分析,并不断和不懈地改进这些流程;确保正在改进的工作流程中所生产和提供的产品,能满足客户的需求;要与作为供应商的客户合作,明确说明要求,对他们的工作成绩进行定期反馈。

要实施全面质量管理并不难,因为每一个部门、每一个人均可对本部门或自身的工作进行全面质量管理,这就为全面质量管理的推行提供了便利条件。然而,全面质量管理是一场管理革命。因为它要求管理人员不再高高在上,而应同从事实际生产工作的专家们和在第一线工作的工人们共事。持续的质量改进需要一种新的管理方法,这种方法不是简单

---

① 科恩,布兰德.政府全面质量管理[M].孔宪遂,孔辛,曹静,译.北京:中国人民大学出版社,2002:6.

地命令员工们做这做那,而是要求他们思考并参与组织工作。组织里所有的员工都要参加培训,然后才能进行工作过程分析,并为改进工作而通力合作。这就要求在组织文化的构建上有意创造并传递一种团队精神、强烈的参与意识、民主意识以及持续改进质量的献身精神,等等,进而使全体员工把精力集中在真正的工作上,全面调动员工的积极性、主动性、创造性,不断去发现并弥补不足、取得进步,才能不断地提高产品与服务的质量,取得令人满意的生产效能①。因此,"这完全是一种文化的改变,只不过这种文化是有意创造并传递的"。②

　　这种"有意创造并传递"文化的行为,就是一种对组织文化的有意义、有目的的经营,也就是对组织文化的质量管理。于是,质量管理从第三个阶段,即全面质量管理阶段,很自然地过渡到了第四个阶段,即文化质量管理阶段,进而,我们还可以把全面质量管理的思想和理念引入文化质量管理,有意识、有目的地对文化实施全面质量管理。这里,至少可以列出三大理由,来证明文化质量管理的可行性和必要性。

　　第一,文化质量管理必将成为管理工作的核心。现在,新的管理模式、管理思想、管理理念层出不穷,对于任何一个组织来说,引入新的管理方式,譬如朱兰提出的全面质量管理和林登倡导的"无缝隙"再造以及彼得·圣吉等推崇的系统思考等,就等于是引入了一种新的文化运作机制。这些新来的文化规则、文化机制显然都需要有一个本土化的过程,也只有在与本组织的潜在文化进行有机、有效的互动与整合后,才能真正发挥作用。因此,文化质量管理必然成为管理工作的核心。陈龙海和陈赣峰在《企业管理培训案例全书(汇编)》中提到的科龙集团管理案例,很能够说明这一点。科龙集团在企业文化实践中发现,企业文化涉及企业经营的

---

　　① 科恩,布兰德.政府全面质量管理[M].孔宪遂,孔辛,曹静,译.北京:中国人民大学出版社,2002:5-6.
　　② 科恩,布兰德.政府全面质量管理[M].孔宪遂,孔辛,曹静,译.北京:中国人民大学出版社,2002:74.

方方面面,包括产品文化、质量文化、安全文化、福利文化、激励文化等。①
这里首先需要说明的是,文化质量和质量文化是两个完全不同的概念。
文化质量不仅包含了质量文化的全部内涵,也包括科龙集团前面所列举
的各种文化的质量,而质量文化仅仅体现为公司内部的一种注重质量的
价值观、理念、行为方式等,而且主要是在产品质量上的一种文化吁求。
从全面质量管理的三项基本业务活动来看,从供应商开始直至顾客,全面
质量管理始终贯穿着质量精神。这种把质量管理精神贯穿于整个生产流
程,并着力于提升产品质量的做法,是可取的。然而,在我们看来,这至多
只能形成一种质量文化,而单一重视质量文化的做法在科龙集团的高层
管理者看来,对于建设一个高质量的企业来说,是远远不够的,至少还必
须在产品文化、安全文化、福利文化、激励文化等方面全方位地做出努力。
这就是说,我们所倡导的文化质量管理,是对组织内部所有需要密切关
注、高度重视的文化的全面质量管理,因此,它就是一种文化全面质量
管理。

　　文化全面质量管理因为是对组织文化质量的全方位吁求,显然是对
费根堡姆和朱兰提出的全面质量管理主张的一种有益延伸和有效提升。
就"无缝隙"再造来说,林登认为"无缝隙"再造必须"整合不同的体制":
"整合是指一个机构内部文化的融合和连续程度,公司内部不同的制度、
结构、工作方式、口头和非口头的信息在日常的交往中如何相互支持、印
证、强化对方。"②所以,说到底,所谓的整合正是文化的整合,而且也只有
通过这种文化的整合,才能真正实现并提供无缝隙的服务。系统思考同
样面临着如何挣脱"阻碍管理者和系统思考实践者较为广泛地采纳创造
性整体论的'认知'和'文化'约束"③的问题,而且,彼得·圣吉所倡导的

---

① 陈龙海,陈赣峰.企业管理培训案例全书(汇编)[M].深圳:海天出版社,2005:
141.

② 林登.无缝隙政府[M].汪大海,吴群芳,译.北京:中国人民大学出版社,2002:
156.

③ 杰克逊.系统思考——适于管理者的创造性整体论[M].高飞,李萌,译.北京:
中国人民大学出版社,2005:314.

五项修炼中的每一项修炼其实都是一种文化修炼。至于"生态和谐人"假设和管理理念,则更需要一种"和而不同"的组织文化来支撑。由此看来,无论我们采用什么样的管理模式,文化质量管理必然是其核心和总纲。

第二,任何一种管理思想、管理理念、管理模式,总是有其有利与不利的一面。即便是全面质量管理,经过 50 多年的运行,人们最终也发现了它的局限性。目前的实践证明,全面质量管理的根本局限,在于它无法产生一个存在于复杂系统中的动态相互作用,而这使我们很难回答在某个步骤中,故障的多个原因中的哪个更重要。① 在我们看来,任何一个有机复杂系统,我们都必须整体地、有机地、动态地、辩证地对待,之所以全面质量管理不能确定"故障的多个原因中的哪个更重要",正是因为,我们往往无机地对待一个复杂系统。本质上,有机系统中的故障正是一种文化故障。当一种管理模式进入一个组织时,就开始了文化的互动,这种互动将使相互之间的文化冲突、文化抵制、文化障碍裸露无遗。如果没有有效的文化整合在组织这个复杂系统中建立良性的动态相互作用,其根本局限性就必然会暴露无遗。

因此,要推行全面质量管理首先就必须进行文化的全面质量管理。就"无缝隙"再造来说,组织通过最大限度地解构规制、裁撤中层、减少组织冗余后,主要是依靠自我管理型团队来激发职员的责任心和积极性,从而为顾客提供无缝隙的服务。然而,10 多年的实践证明,自我管理团队尽管能为生产效率、利润和客户等带来巨大的可度量的提高,但并不是万能的。奥斯本和默兰在《自我管理型团队》中指出:"在某些组织内部,对根深蒂固的工作规则的挑战会引发巨大混乱,或者学习过程会导致不必要的风险。这时,自我管理型团队是不适合的。"② 显然,那些"根深蒂固的工作规则"本质上就是一种文化。对一些组织来说,引入自我管理型团队之所以会引发"巨大混乱",正是因为自我管理的文化(可称之为自组织

---

① 阿吉里斯.组织学习[M].张莉,李萍,译.北京:中国人民大学出版社,2004:50.
② 奥斯本,默兰.自我管理型团队[M].李松玉,赵辉,等译.北京:人民邮电出版社,2004:10.

文化)与原基于职能分工、条块分割的组织文化之间的冲突。进而,我们可以肯定,任何一个非自我管理的组织在建立自我管理型团队时,都将会受到挑战,甚至会引发"巨大混乱",而这种混乱本身又正好说明文化自身以及相互间冲突产生的必然性。就系统思考而言,所谓系统肯定是整体的、宏观的,正如笔者在《与霍金对话——中国自然哲学之于新宇宙学》一书中指出的:"'宏观把握',在某种意义上说,就等于是'模糊把握',往往忽视或者是不屑于去做许多本应该做的具体工作,而满足于像陶渊明所说的'不求甚解'。这导致中国漫长的过去,就是诞生不了像西方那样的'分析科学',这是中国近代科技落后,进而被动挨打的原因之所在。"①这说明,中国人高度发达、高度完善的整体论、系统思考模式经过几千年的实践,同样证明了自身存在着致命的弱点。这正好说明,无论引入什么样的组织管理模式,我们都必须学会驾驭文化上的冲突,并且,展开对文化质量的管理是首要的和必需的。

第三,文化全面质量管理的提出也是对顾客社会的积极回应。随着社会的进步、科学技术的发展、买方市场的形成和全球贸易竞争的加剧,顾客对质量提出了更高的要求。现代社会是一个"我消费,故我在"的消费社会、顾客社会。顾客社会从最早的产品与服务的生产导向(供应顾客),经由第二个阶段,即产品与服务的市场导向(争夺顾客),正在向产品与服务的顾客导向(创造顾客)推进。② 如果说,在供应顾客、争夺顾客的时代,人们只要注重产品与服务的质量,就能够供应好顾客,就能够争夺到顾客,那么,在顾客导向的社会,要想满足甚至超越顾客的期望,进而创造顾客,则必须注重组织的质量。高质量的组织需要高质量的文化来支撑,因此,文化自然就成为真正的核心竞争力。一方面,注重文化质量管理将能使管理者成功地把握文化流动的时代脉搏,创造出富有个性的多品种、柔性化的高文化含量的产品与服务,以满足直至超过顾客的期望;

---

① 吴福平.与霍金对话——中国自然哲学之于新宇宙学[M].北京:中国社会科学出版社,2006:26.

② 林登.无缝隙政府[M].汪大海,吴群芳,译.北京:中国人民大学出版社,2002:4.

另一方面，注重高质量文化的培植、塑造将更好地培养组织内部的合作精神、团队质量精神、自我管理精神，并使管理者所经营的组织更富凝聚力、创造力、竞争力。

三、结论与展望

总结前述，我们需要对文化实施质量管理，质量管理正步入文化全面质量管理这一崭新时代。即便是进入"生态和谐人"时代，应当也更需要把人看成"文化人"。我们需要文化的力量，以提升产品的质量、服务的质量及组织的质量。"文化的力量是与雇员们能够共有的信念和价值观的实际数目的多寡正态地联系在一起的，从这个意义上讲，组织文化是一种联合性的机制。一个组织中拥有共同信念的人越多，文化对组织内部个人行为的影响就越大。那么，较强的组织文化意识就会成为一种积极因素，既是雇员间对于观点和目标的认同感的结果，也是产生这种认同感的原因。"①对高质量组织文化的培植、经营和全面塑造，将使文化这种联合性的机制运作良好，朝着管理者期望的目标运作，形成一种高质量的组织文化，使得整个组织充满活力、合力、创造力和竞争力。这就要求管理者必须善于经营、培植、管理组织文化，善于发展并保持组织文化力以不断提升组织质量，为不断提高产品与服务的质量提供坚实的文化支持。文化全面质量管理是全面质量管理理念的有益延伸，也是一种文化觉醒，将使组织管理者更加关注文化，更加注重优质文化的培植、保持与发展，协助建立起一个健康有序的、和谐有机的、"和而不同"的、更适合人性的组织。

---

① 林登.无缝隙政府［M］.汪大海，吴群芳，译.北京：中国人民大学出版社，2002：61.

第三章

组织文化质量量表

当前更多地聚焦于企业组织的文化管理研究,无论是 20 世纪 80 年代,从探寻成功企业核心竞争力可复制基模经验实证研究开始的、以定性为主的研究,还是 20 世纪 90 年代开始的企业文化定量规范研究,它们对企业的指导意义都正在受到质疑[①],由于都没有跳出由"内容来保证其功能"的圈子,进而亦难以实现从文化建设过程的"内容控制和实施过程的质量控制"两方面来保证其实施的效果,难以"真正地、科学地、动态地指导企业文化的实践"[②]。并且,往往可以发现其"明显存在概念的模糊性及其'非显学性',因为企业文化是稳固持久的,其重构或再造缺乏可操作的技术手段,且倾向于'冻结'变革管理"[③]。本章在分析中外关于组织文化测量研究和实践的基础上,吸取国内外既有成果,特别是其中 4 个有代表性的量表的科学和合理成分,对组织文化测量指标进行了理论遴选,并构建了由 6 个维度、26 项二级指标构成的组织文化质量(cultural quality of organization,CQO)量表,亦称 CQO 量表。

一、组织文化质量量表测量维度设计的基础理论

受哈佛大学教授罗伯特·克普兰(Robert Kaplan)与诺兰·诺顿研究院(Nolan Norton Institute)的执行长丹尼·诺顿(David Norton)设计的"未来组织绩效衡量方法"——平衡计分卡(balanced score card)的启示,本章将文化效用价值测量维度确定为这样 6 个维度:战略绩效、领导绩效、顾客绩效、激励(财务)绩效、学习绩效、环境绩效。

"平衡计分卡"是从财务、客户、内部运营、学习与成长 4 个角度,将组织的战略落实为可操作的衡量指标和目标值的一种新型绩效管理体系。

---

① 马力,曾昊,等.企业文化测量研究述评[J].北京科技大学学报(社会科学版),2005(3):123-127.

② 李军波,江翱.企业文化评估研究述评[J].湘潭大学学报(哲学社会科学版),2006(5):56-59.

③ 邱陵.企业文化研究路径探析[J].经营管理者,2010(7):113-116.

平衡计分卡的有效性在于,它融合了关键业绩指标法(key performance indicator,KPI)和目标管理法(management by objective,MBO)的精髓,较为全面系统地考察了一个企业需要关注的关键性绩效指标及其在落实过程中实现有机平衡的重要性。受此启发,我们认为,就任何一个组织而言,文化作为一种资本、一种核心竞争力,更值得关注的是文化的战略效用价值、领导效用价值、激励(含财务)效用价值、学习效用价值、顾客效用价值、环境效用价值,等等。也就是说,组织文化在与组织的战略实施、内部运营、顾客服务、财务管理、组织学习以及组织人文环境等有机互动的基础上,可以进一步地体现为组织的上述 6 个方面的绩效。平衡计分卡只关注财务、客户、内部运营、学习与成长 4 个维度,因其本身就是落实组织战略、进行战略管理的有效工具,而组织文化对组织战略的效用价值首先值得关注,所以,我们增加了组织文化战略绩效这一维度。同时,考虑到组织文化的引导和激励对实施组织的财政政策、激励措施等的积极作用,将平衡计分卡中的财务这一维度改为激励(财务)绩效。此外,还增加了领导绩效与环境绩效这样 2 个新的维度。我们将管理视域的文化界定为"内在制度与外在制度互动的总和",且认为内部运营效率更多地受到组织领导(含管理和制度等)绩效的影响。并且,由于组织文化是在与组织的人文环境等的有机互动中衍生、演化和变迁的,组织文化对组织环境的作用及反作用都非常大。因此,在考察组织文化效用价值时,很有必要增加这样 2 个维度。

确定了组织战略绩效、领导绩效、顾客绩效、激励(财务)绩效、学习绩效、环境绩效等 6 个测量维度后,本章又借鉴了奎因(Quinn)和卡梅隆(Cameron)建立在竞争价值观框架(competing values framework,CVF)基础上的组织文化评价量表(organizational culture assessment instrument,OCAI),以 2 组相对的维度(灵活性和稳定性、关注内部和关注外部)两两重叠所界分出的 4 种文化形态(宗族型、活力型、层级型和市场型)为依据,用一些通俗易懂的简约的中文词语,来设定各维度的 4 个二级测量指标。理由有二:一是文化力量具有双重性,事实证明,无论是宗族型、活力型、层级型和市场型的组织文化或者是领导模式,都是可以产生卓越绩效的。卡梅隆和奎因的研究表明,卓越的领导者往往都是一些"自相矛盾"的领导者,他们能同时强硬和温和,同时具有冒险精神和克制的性格。"管理的有效和组织的有效生来就与一些自相矛盾的特征紧密相连。"[①]管理学家西蒙亦曾指出,在管理学上较多管理原则都是成对出现的,不可能有一个绝对正确的、放之四海而皆准的管理模式或管理手段。[②] 二是借用奎因和卡梅隆的竞争价值观框架(CVF),以 4 种文化形态来设定各绩效维度的二级指标,可以与他们的研究成果对接,基本可以借以确定一个组织在宗族型、活力型、层级型和市场型 4 种文化形态中的重心与偏向。当然,我们简约地用一些词语对这 4 种文化形态进行描述,只是希望做到相对准确。同样,我们构建的组织文化质量量表对宗族型、活力型、层级型和市场型 4 种文化形态的关注,更多也是为了给组织文化测量具体指标(即二级指标)的设定提供思路,以使组织文化效用价值的测量能够内容更丰富,视域更宽广,因而,亦可以不必拘泥于形态本身(见图 3.1)。

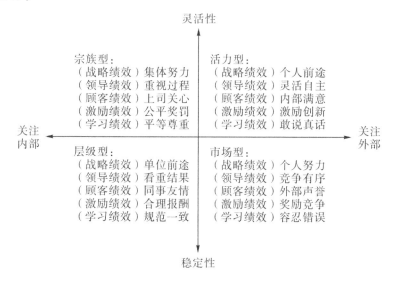

图 3.1　组织文化质量量表与竞争价值观框架

---

① 卡梅隆,奎因.组织文化诊断与变革[M].谢晓龙,译.北京:中国人民大学出版社,2006:37.

② 西蒙.管理行为[M].4 版.詹正茂,译.北京:机械工业出版社,2004:27-38.

二、组织文化质量量表二级指标理论遴选

根据国内外 4 个富有代表性的文化测量工具,即奎因和卡梅隆的组织文化评价量表(OCAI)、丹尼森等的组织文化调查问卷(organizational culture questionaire,OCQ)、霍夫斯泰德的多维度组织文化模型以及郑伯埙的组织文化价值观量表(values in organizational culture scale,VOCS),在测量组织文化质量时,我们设置了 26 项二级指标,并分别对应组织文化的战略绩效、制度绩效、激励(财务)绩效、学习绩效、环境绩效。这 26 项指标的设置考虑到了前述 4 个富有代表性的文化测量工具的每个维度。

具体来说,奎因和卡梅隆建立在竞争价值观框架(CVF)基础上的OCAI,以 2 个主要的相对的维度(灵活性和稳定性、关注内部和关注外部)为依据建立坐标轴,将企业文化划分为 4 个象限,并分别命名为宗族型、活力型、层级型和市场型。同时认为,组织中的主导文化、领导风格、管理角色、人力资源管理、质量管理以及对成功的判断准则等 6 个方面对组织的绩效表现将产生显著影响。丹尼森等的 OCQ 认为适应性、使命、一致性、投入及参与性等几种文化特质共 12 个维度与组织有效性显著相关。霍夫斯泰德的多维度组织文化模型由价值观和实践 2 个部分组成。价值观由对安全的需要、以工作为中心、对权威的需要 3 个独立维度组成,实践部分则由过程导向和结果导向、员工导向和工作导向、本地化和专业化、开放和封闭、控制松散和控制严格、规范化和实用化等 6 个独立成对的维度组成。郑伯埙以内化性规范信念为逻辑起点,并在赛因(Schein)的组织文化研究成果的基础上构建组织文化价值观量表,共分 9 个维度:科学求真、顾客取向、卓越创新、甘苦与共、团队精神、正直诚心、表现绩效、社会责任和敦亲睦邻。

尽管这 4 个有代表性的工具也受到了种种质疑,但仍然很有借鉴意义。因为它们都从各自独特的视角,就组织文化对组织运营绩效进行过系统的研究和实际测量,并都已经关注到了组织文化与经营绩效的关系,

较为深入地系统研究了对组织经营绩效存在关键性影响的组织文化的内容和指标。因此,我们在设置文化效用价值测评指标时,有必要对其加以借鉴,而学者们对这4种工具的批评和质疑,我们将据之对本书的量表进行必要的修正(见表3.1)。

(一)战略绩效及其二级指标

组织战略的两大核心要素是战略意图(strategic intent)和战略使命(strategic mission)。战略意图是指充分挖掘组织内部资源、能力和核心竞争力,以在竞争环境下实现组织目标。研究表明,只有当公司上上下下都致力于某一重要的特定工作标准时,战略意图才有可能存在;当员工真正热爱他们的产品和所在行业,并致力于战胜竞争者的时候,战略意图才能卓有成效地确立。战略使命来源于战略意图,针对组织外部,面向所有利益相关者,是"一个组织正式发布的关于组织在中长期希望实现的目标的宣言"[①]。典型的使命陈述包含3个部分:组织存在的理由,通常指组织的使命或愿景;核心价值与行为标准,用来指导和塑造组织成员的行为;主要目标和目的。[②] 有效的战略使命面向所有的利益相关者,决定组织的独特性,并且鼓舞人心;只有当组织清楚自己想要做些什么,明确在追求目标过程中必须遵守的道德标准时,有效的战略使命才能建立起来。[③]

[①]　希特,等.战略管理——竞争与全球化(概念)[M].6版.吕巍,等译.北京:机械工业出版社,2005:14-15.

[②]　希尔,琼斯.战略管理[M].6版.孙忠,译.北京:中国市场出版社,2005:11.

[③]　希特,等.战略管理——竞争与全球化(概念)[M].6版.吕巍,等译.北京:机械工业出版社,2005:14-15.

表 3.1　文化效用价值测量指标与 4 个有代表性文化测量工具对比

一级指标	二级指标	对比			
		奎因和卡梅隆的 OCAI	丹尼森等的 OCQ	霍夫斯泰德的多维度组织文化模型	郑伯埙的 VOCS
战略绩效	集体努力	宗族型	主导文化、成功标准、领导风格、管理角色、质量管理、人力资源管理	价值观的 3 个独立维度,即对安全的需要、以工作为中心、对权威的需要;实践部分 6 个独立成对的维度,即过程导向和结果导向、员工导向和工作导向、本地化和专业化、开放和封闭、控制松散和控制严格、规范化和实用化	科学求真、顾客取向、卓越创新、甘苦与共、团队精神、正直诚心、表现绩效、社会责任、敦亲睦邻
	单位前景	层级型			
	个人努力	市场型			
	个人前途	活力型			
制度绩效	重视过程	宗族型			
	看重结果	层级型			
	竞争有序	市场型			
	灵活自主	活力型			
顾客绩效	上司关心	宗族型			
	同事友情	层级型			
	外部声誉	市场型	适应性,即创造变革、组织学习、客户至上;使命,即愿景、战略导向和意图、目标;一致性,即配合、协调与整合,核心价值观;投入及参与性,即授权、团队导向、能力发展①		
	内部满意	活力型			
激励(财务)绩效	公平奖罚	宗族型			
	合理报酬	层级型			
	鼓励竞争	市场型			
	奖励创新	活力型			
学习绩效	平等尊重	宗族型			
	规范一致	层级型			
	容忍错误	市场型			
	敢说真话	活力型			
环境绩效	您自己生活幸福感	主导文化;成功标准;领导风格;人力资源管理			
	您自己工作快乐感				
	单位总体工作氛围				
	单位总体文明素养				
	单位工作场所安全感				
	单位环境文化艺术感				

① 田家华等人进行实证性因子分析后归纳的 7 个维度为目标愿景、协调性、工作参与、组织学习、价值观、顾客意识和变革创新。

面对 21 世纪的超级竞争环境，人们对由组织高层一手操持的战略规划模式提出了批评，主要理由有三：第一，真实世界是不可预知的；第二，组织低层也应当在战略规划过程中发挥作用；第三，许多成功战略是"撞大运"的产物，而不是精心规划的结果。[①] 劳斯认为，战略管理的主要挑战有增长、价值、焦点、变革、未来、知识、时间等 7 个主要方面。尽管如此，人们还是认为规划和实施战略是成功的重要因素。而且，真正"有价值的战略往往来自组织深处"。明茨伯格强调，组织形成"突现应对战略"的能力是其结构和控制系统所鼓励的组织文化的函数。组织文化对组织战略和战略管理的效用是显而易见的，战略管理行为本质上也是一种文化管理行为。有效的组织战略要明确在追求目标过程中必须遵守的道德标准，必须面向所有利益相关者，必须鼓舞人心，必须"给员工提供值得他们追求的唯一目标：成为最棒的"。[②] 这可以说明战略规划及其实施的文化属性，也因此，我们用 4 个二级指标，即集体努力和个人努力、单位前景和个人前途这样有着对立性质的 2 个方面、4 个维度，来测量组织文化的战略效用价值，这将是可行的、有效的，且可操作的。

第一，组织战略意图和战略使命及其贯彻过程倡导的是集体努力，还是个人努力，是更加关注单位前景，还是员工的个人前途，体现的正是类似于奎因和卡梅隆建立的组织文化评价量表中与组织文化提高组织效率、人员效率密切相关的组织成功标准、领导风格和主导文化等维度指标。第二，组织战略及其实施过程是否真正能够鼓舞人心，是否给员工提供了值得他们追求的目标等是至关重要的，对于组织培育形成"突现应对战略"的能力和有效的战略使命等亦极为关键，那么，用集体努力和个人努力、单位前景和个人前途这有着对立性质的 4 个二级指标，就能够较为准确地测出组织内集体或者个人是否愿意努力、是否感觉到前景光明，进而可以较准确地测量组织战略、组织的主导文化等及其效用价值。第三，

---

① 希尔，琼斯.战略管理[M].6 版.孙忠，译.北京：中国市场出版社，2005：11.

② 希特，等.战略管理——竞争与全球化（概念）[M].6 版.吕巍，等译.北京：机械工业出版社，2005：14-15.

由于真正有价值的战略往往来自组织深处，因此，从某种意义上说，只有能够察知来自组织深处的集体或个人为组织目标等而努力的意愿，察知组织及其全体成员是否感觉到前景光明、接收到鼓舞人心的消息，才能准确地判断组织战略管理的真正价值、真正绩效。

如果组织战略真正鼓舞人心，而且为员工提供了值得他们追求的目标，那么，这 4 个二级指标的测量值都会很高。当然，这是最理想的状态。正常情况下，一个组织一般会特别强调其中某一维度，并因此而可以测出奎因和卡梅隆建立在竞争价值观框架基础上的，以 2 个主要的相对维度（灵活性和稳定性、关注内部和关注外部）建立的 4 种文化形态：宗族型、活力型、层级型和市场型。这意味着，我们在测定组织战略绩效的同时，可以粗略判定组织文化形态。这 4 个二级指标与丹尼森等的组织文化调查问卷中的适应性、使命、一致性、投入及参与性等与组织绩效相关的文化特质基本一致。同时，亦与霍夫斯泰德多维组织文化模型中的价值观和实践部分的维度，以及郑伯壎的组织文化价值观量表所强调的科学求真、顾客取向、卓越创新、甘苦与共等组织文化的考察维度基本吻合。因此，我们认为，集体努力和个人努力、单位前景和个人前途可以粗略、简要地考量组织文化的战略效用价值，亦即组织文化的战略绩效。

当然，要全面考察组织文化的战略效用价值，完全可以设计出很多的维度，可以也可能非常应该去做很多具体仔细的考察和考量工作。然而，正如奎因和卡梅隆在建立组织文化评价量表时所指出的，想对组织文化中的所有要素都进行分析和评估向来都是不可能完成的事。新增加一个要素，通常会引起一系列的新辩论。因而，关于组织文化形态和属性的研究，"没有一种构架是全面的"①。我们只是认为从集体努力和个人努力、单位前景和个人前途这 4 个维度可以粗略地、简便地考察和考量战略绩效，并不能涵盖这种绩效的全部；考虑到被考察对象是具有不同知识层次、知识结构和理解能力的全体组织成员，也必须以这种最为简单、简洁、

①　卡梅隆，奎因.组织文化诊断与变革[M].王素婷，译.北京：中国人民大学出版社，2006：25-26.

简便的形式,展开我们所说的对文化效用价值的测量。

（二）领导绩效及其二级指标

这里的"领导"可以包括组织管理模式、领导风格以及制度设计等方面的内容。不同的管理模式、领导风格以及制度设计等对组织绩效具有截然不同的影响,并会塑造出完全不同的组织文化,这已经是不争的事实。

有学者总结了实现高绩效的成功战略领导者的几个关键性特性,包括有愿景、有口才、始终如一、奉献精神、信息灵通、愿意授权、灵活运用权力、情商较高,等等。[①] 这就可以理解,丹尼森等的组织文化调查问卷为什么要将投入及参与性作为重要的组织文化测量维度。这一维度包括授权、团队导向、能力发展等具体指标。霍夫斯泰德的多维组织文化模型将控制松散和控制严格、过程导向和结果导向、员工导向和工作导向等作为组织管理和领导风格区别与衡量的主要指标。郑伯壎的组织文化价值观量表将科学求真、甘苦与共、正直诚心、敦亲睦邻等作为衡量与区别组织管理和领导风格的主要指标。

综合这些有代表性的组织文化测量工具的优点及核心精神,我们用看重结果和重视过程、竞争有序和灵活自主来测定组织文化的制度绩效,将看重结果和重视过程作为衡量制度绩效的重要方面。看重结果和重视过程体现着不同的管理思想与管理方式。不同的行业、不同的组织、同一组织内不同的职能部门,在有效的日常管理工作中,是需要看重结果还是应该重视过程,可以视具体情形区别对待、酌情处理,但是对于高质量的,健康的,富有凝聚力、向心力的,个性化的组织文化塑造来说,无论是过多地或者固执地偏向于看重结果还是重视过程,都是不可取的。理想的做法应当是,既看重结果,又重视过程,也只有这样,才能提高组织绩效。西蒙指出,在管理学的好些管理原则都是成对出现的,不可能有一个绝对正

---

① 希尔,琼斯.战略管理[M].6版.孙忠,译.北京:中国市场出版社,2005:23-28.

确的、放诸四海而皆准的管理模式、管理手段。其观点既可以成为这里的理由,也是文化与管理研究和测量必须遵守的准则。至于竞争有序和灵活自主这对指标,还需要特别说明的是,我们之所以不用规范有序而用竞争有序来测量领导绩效,是因为考虑到当今时代的超级竞争环境:对于任何一个组织来说,竞争有序比规范有序来得更为重要。

(三)顾客绩效及其二级指标

当代管理学科一般将顾客分为两类:一类是外部顾客,除了通常所说的顾客外,供应商、政府组织、特殊利益集团、银行、贸易联盟、行业协会等,也应被当成外部的特殊顾客来对待;因为这些外部顾客,很多时候也能直接决定一个组织的成败。另一类是内部顾客,主要是指组织内部成员,还包括内部股东、内设工会、内部可能潜在的非正式组织等。管理者只有对顾客做这样的理解,才能在日常的管理和运营中,有的放矢地做好管理和服务工作。这是一个"大顾客"的概念,然而,不论我们对顾客概念做如何"大"的拓展,有一点必须引起重视,那就是:只有满意的内部顾客才能提供满意的外部服务。[①] 也就是说,提高内部顾客的满意度是提高外部顾客满意度的前提和基础。

从内部满意和外部声誉、上司关心和同事友情 4 个维度对顾客绩效进行测评,正是基于对当代顾客概念做上述全新的理解和界定。内部满意包括企业内部员工、内部股东、内设工会、内部可能潜在的非正式组织等内部顾客的满意度。外部声誉除了通常所说的顾客满意度外,还必须包括供应商、政府组织、特殊利益集团、银行、贸易联盟、行业协会等特殊的外部顾客的满意度。启用外部声誉来测评顾客绩效,正是基于对顾客概念的全新理解。外部声誉是外部各种各样、方方面面顾客满意度的最直接、最有效的反映。同时,让组织内部成员对组织的外部声誉进行评价,则是因为,组织成员特别是基层员工直接参与生产和服务的各个方

---

① 林登.无缝隙政府[M].汪大海,吴群芳,译.北京:中国人民大学出版社,2002:6.

面、各个环节,对于方方面面、形形色色的外部顾客对企业的种种评价,反而了解得更多,也更为准确。

在"大顾客"概念的框架下,以上司关心和同事友情来测评顾客绩效,理由在于:一是上司关心当是任何一个组织的内部满意最直接的来源之一;二是从上司关心和同事友情这对测量维度深入,可进一步确定内部满意中组织领导层面所起到或发挥的真正作用;三是由此深入,还可以测定组织内部非正式组织的生存状态。还需要说明的是,之所以将同事友情列入奎因和卡梅隆组织文化评价量表中的层级型,是因为在组织文化评价量表的 4 种组织文化模式里,尽管任何一种都有可能产生同事友情,但是我们认为,部落型组织虽然工作氛围非常友善,却很有可能因为领导者或者是带头人对所有组织成员的过分关心而丧失同事友情,市场型组织可能因为过度竞争而伤及同事友情,活力型组织可能因为过于自主而产生纯粹的个人主义,只有层组型组织最有可能因为变得高度层级化乃至官僚化而使组织成员只能寻求同事的联盟和友谊,从而产生牢固的同事友情。显然,如果同事友情这一维度测量值过高而领导关心这一维度测量值过低,基本上可以说明该组织存在非正式组织,这时,同事友情将更趋稳固。因此,将同事友情作为一项测量指标,并列入奎因和卡梅隆组织文化评价量表中的层级型,是因为既考虑到层级型组织的特点,也考虑了测量值极高的这种极端情形。

总体来看,服务于形形色色、方方面面的内、外部顾客,组织内部必须既要有上司关心,亦有同事友情;既重视内部满意,也重视外部声誉。只有这样,组织能在当代这个顾客导向的越级竞争环境中立于不败之地。在 4 个有代表性的工具中,丹尼森等的组织文化调查问卷所强调的投入及参与性中的团队导向、适应性中的客户至上等,霍夫斯泰德的多维组织文化模型中的员工导向和工作导向等,郑伯壎组织文化价值观量表中的顾客取向、社会责任等,这些对组织绩效将产生决定性影响的文化特质,在组织文化质量量表中都得到了较为全面的反映。同时,在测量中,对于那些是否特别看重结果的组织,还可用以计算出霍夫斯泰德在跨文化研究中指出的组织的"男性化社会"程度等。

（四）激励（财务）绩效及其二级指标

激励理论是关于如何满足人的各种需要、调动人的积极性的原则、方法等的概括和总结。从 20 世纪二三十年代以来，许多管理学家、心理学家和社会学家结合现代管理的实践，提出了许多激励理论，大体上可分为行为主义激励理论、认知派激励理论和综合型激励理论三大学派。主要的激励理论则有内容型激励理论、过程型激励理论和行为修正型激励理论三大类。

这些学派及其所创建的诸多理论当然都值得重视。在今天看来，特别是在 21 世纪这个多元化、充满变化和超级竞争的不确定的时代，组织管理的激励机制、激励措施、激励行为等都必须更具活性和适应性，都必须从单一、僵化、机械的模式转变为更加有机、动态和综合的模式，必须考虑组织及其每个成员的差异，采取差异化并富有适应性的激励手段和措施。但是，也必须看到，通常情况下，生存总是人的第一或者至少是一种基础性需要。在马斯洛的需求层次理论中，生理需求、安全需求等较低层次的需求是基础性的，而且，一般来说，只有这些较低层次的需求得到了满足，才会产生归属与爱、尊重和自我实现等较高层次的需求。马斯洛的理论受到了一些批评，被认为存在着人本主义局限和自我中心的倾向等。新行为主义者斯金纳提出的操作性条件反射理论认为，在激励手段中除了考虑金钱这一刺激因素外，还要考虑到劳动者的主观因素的需要，激励人的主要手段不能仅仅靠刺激变量，还要考虑到中间变量，即人的主观因素。然而，特别是在市场经济年代，各类组织尤其是营利性组织的财务绩效毕竟是组织的生命线，无论采取多少自认为有效、有力的激励措施，不论把组织里的人假设为"经济人"，抑或是"理性人""社会人""系统人""文化人"，等等，任何一个劳动者，无论其"主观因素的需要"有多强烈，有一点必须明确，那就是：组织，特别是企业等营利性组织，毕竟是要赚钱的，员工也是要养家糊口的。尽管很多时候这可能不是唯一目标，但这毕竟是一个重要目标。因此，激励绩效中很有必要突出强调财务绩效。

关于财务绩效，又特别需要关注其公平性和合理性，这是受社会比较理论和亚当斯（Adams）的公平理论（equity theory）的启迪。社会比较理论的创始人利昂·费斯汀格（Leon Festinger）指出，每个个体在缺乏客观事实的情况下，会用他人作为比较的尺度，来进行自我评价。在向上的社会比较中，跟那些更社会化的人比较；在向下的社会比较中，进行逆向比较。社会比较可以为增强个体自信心，激发人们的行为动机，并且成为自我完善的基础。社会比较是一种普遍存在的大众心理现象，有关社会比较的事实证明，即使人们通过物理手段确认了事物的属性，他们还是要利用社会比较再予以确认，以达到某种积极性期望的满足。

在费斯汀格研究的基础上，艾伯特（Albert）提出了个人内比较，认为当自我不能获得实际的客观证明时，就会想通过过去自我和现在自我的比较来了解自我同一性，于是与自我相类似的过去自我就容易作为比较对象，以进行个人内比较。泰费尔（Taifel）提出了团体间比较，认为人们在社会生活中至少必须属于一个团体，所以人们的自我概念侧面受到自己所属团体的属性规定。泰费尔把自我概念的这种侧面称为社会的同一性，并认为自己所属团体的属性要通过和别的团体相比较才能明了，所以团体间比较对社会同一性的形成是必不可少的，进而可能把社会比较扩大到整个社会心理学领域来探讨。

亚当斯的公平理论也是一种社会比较理论，该理论侧重于研究工资报酬分配的合理性、公平性及其对职工生产积极性的影响。该理论认为，组织成员对自己所得报酬的知觉和比较的认知失调，可能会导致当事人的心理失衡，使之产生不公平感和紧张情绪。为减轻或消除这种紧张情绪，当事人会采取某种行动以恢复心理平衡。如果报酬公平，当事人就会获得满足感，从而受到激励。只有公平的报酬，才能使职工感到满意和起到激励作用。而关于报酬是否公平，职工们不是只看绝对值，而是会进行社会比较，和他人比较，或进行历史比较，和自己的过去比较等。报酬过高或过低，都会使职工心理上紧张不安。

基于社会比较理论和亚当斯（Adams）的公平理论，可以认为，社会比较是一种普遍存在的大众心理现象，每一个人都可能在社会生活、生产活动中,进行个人内、个人间或团体间的比较。由于组织成员存在的这种社会比较心理,如果组织报酬和财务制度公平性、合理化缺失,对于组织文化的破坏,在很多时候是致命的,并且,可能是任何其他的文化培植和塑造措施都难以弥补的。财务运营状况、财务绩效对组织的战略绩效、制度绩效、顾客绩效、学习绩效、环境绩效等必将产生重要影响。基于上述认识,本书的量表在激励绩效中突出强调了财务绩效。同时,对激励(财务)绩效的测评,主要从公平奖罚、合理报酬展开。而之所以设定奖励竞争、激励创新这 2 个维度,是因为包括工资报酬和奖金、福利等薪金制度在内的组织激励机制和各项制度建设等,最终都是为了营造组织的核心竞争力和创造力。在今天这个超级竞争的时代,这是任何管理理论以及处于高度竞争中的组织都须要强化的。总体来看,关于激励(财务)绩效的这 4 项指标,前 2 项侧重组织激励机制特别是财务制度层面的考核,后 2 项则侧重激励导向及其效用的考量。与 4 个有代表性的文化测量工具的对比,既有的工具认为对组织绩效将产生决定性影响的文化特质在组织文化质量量表中也得到了较好的反映。

(五)学习绩效及其二级指标

组织学习这一概念和企业文化概念一样,在中国企业界乃至学界基本上一直被误读、误解。目前,人们一提起企业文化,就想到唱歌、跳舞、搞文艺活动等;一谈到学习,则就想着请培训师、搞企业培训等。唱歌、跳舞、搞文艺活动,请培训师、搞企业培训,当然都是必要和必需的,但是,如果未能真正理解并触及文化和学习的核心,那么,所有的活动、所有的培训,很可能都会徒劳无功。

一般来说,企业文化可以分为核心层、中间层、外围层。核心层主要是指企业长期积累并在企业的日常运营中体现出来的一种行事方式、思想习惯、思维模式等。这是最核心层面的东西,也是最主要、最关键,有时候也是最致命的东西。企业文化的核心对企业的战略管理、团队运营、财务绩效、组织学习、环境艺术等都将产生决定性的影响,并将在关键时期发挥最核心的作用,因而关乎企业的兴衰成败。这些显然都并非唱几首歌、搞几个活动、搞几次培训能够奏效和完成的。因为这些活动和培训等只能算是企业文化的外围层,至多是中间层。

组织学习是企业文化核心层中最核心层面的东西。

管理视域的文化研究表明:当组织学习出现障碍时,这些障碍也必然是文化性的,并且亦具有惯性力量,进而阻碍"双环学习"的发生。组织或其成员如果仅仅注意"单环变革",就会"在无意中变成现状的仆人",并使整个组织处于一种"熟练的无能"的"反学习"状态。[①] 企业作为一种社会组织,能否开展有效的学习至关重要。因为所谓的组织学习,本质上就是要向组织及其成员自己发起挑战,也就是要向企业长期累积起来的那一种观念、理念(优质的或者是劣质的),那一种行事方式、思想习惯、思维模式发起挑战。敢不敢干、善不善于向自己挑战,是组织学习的核心问题。组织学习对于企业更高效地、更高质量地、更富有创造力地开展日常的运营管理工作,起着关键作用,有时也同样直接关乎企业的存亡兴衰。为了让企业在日常经营管理中,能够和善于学习,敢于挑战从企业高层管理者到一般员工等各个层面的"自我",企业既要倡导规范一致,也要提倡平等尊重,同时还要容忍错误,并让员工敢说真话,组织文化质量量表正是基于对企业文化的这种认识,试图从平等尊重和规范一致、容忍错误和敢说真话这 4 个成对维度,直入企业文化的核心层,展开评估、测量、分析和研究。

(六)环境绩效及其二级指标

环境绩效 6 个维度的确定受到彼得·圣吉在《第五项修炼:学习型组织的艺术与实务》一书中关于建立更适合人性的组织模式[②]的启迪。彼

①　阿吉里斯.组织学习[M].2 版.张莉,李萍,译.北京:中国人民大学出版社,2004:89-91.

②　圣吉.第五项修炼:学习型组织的艺术与实务[M].郭进隆,译.上海:上海三联书店,1997:168.

得·圣吉在该书中引用米勒公司总裁赛蒙的话,表达了他的新型组织理想:"为什么工作不能够是我们生命中美好的事情?为什么我们把工作看作一件不得不做的事情,而未能珍惜和赞美它?为什么工作不能够是人们终其一生发展道德与价值观、表现人文关怀与艺术的基石?为什么人们不能从工作中去体会事物设计的美、感受过程的美,并试着欣赏可持之恒久的价值之美?我们相信这些都是工作本身就具有的。"①在彼得·圣吉看来,应该让工作本身成为赞美的对象,工作成果成为审美的对象,工作过程成为发展德性修养的场域等。这样的组织才是更适合人性的组织模式,也是更有效推进五项修炼、更富有效率的组织。

我们知道,组织文化概念是在两个不同的学术性基础——人类学基础和社会学基础——上被提炼出来的。前者的特点是认为组织就是文化,后者的特点是认为组织里有文化。依据不同的理论基础,组织文化研究又可分为两种不同的研究途径:功能主义研究途径和符号学研究途径。前者认为组织文化由集体的行为表现出来,后者认为组织文化存在于个体的解释和认知过程之中。这样两两叠加,就可以产生四种研究途径:人类学—功能性途径、人类学—符号性途径;社会学—功能性途径、社会学—符号性途径。文化测量一般采用社会学—功能性研究途径,即认为组织文化是组织的属性,可以与其他组织现象分开来单独测量。②在我们看来,这四种研究途径完全可以综合运用,即可以认为:组织文化既可以与组织相互依存,并作为一个整体而通过集体行为表现出来,也可以游离于组织其他现象而通过集体行为表现出来;既可以与组织相互依存,并作为一个整体存在于个体的认知和解释过程,也可以游离于组织其他现象而存在于个体的认知和解释过程。因为无论是认为组织就是文化,还是认为组织里有文化,文化作为一种如哈耶克所说的"自生自发秩序",本质上也是一只"无形的手",在格尔茨的"文化控制"那里,几乎是无孔不入

---

① 圣吉.第五项修炼:学习型组织的艺术与实务[M].郭进隆,译.上海:上海三联书店,1997:172.

② 卡梅隆,奎因.组织文化诊断与变革[M].王素婷,译.北京:中国人民大学出版社,2006:109-110.

的、具有弥散性的。也因此,优良的组织人文和物理环境可以塑造人,进而塑造出一种优良的组织氛围,乃至组织文化、组织的核心价值观等;组织文化特别是其主导文化,亦将在人们可以触及的组织中的任何现象和环境里得以呈现或者隐现。于是,组织文化建设理应确立新的文化发展观,即"把人自身作为一个文化产品来生产,并通过人而把人类世界当作文化产品来生产"①的大胸襟。

我们确立的组织文化的环境绩效测量维度包含组织物理环境和人文环境两大方面,并从生活幸福感、工作快乐感等组织成员个体层面,以及总体工作氛围、总体文明素养、工作场所安全感、环境文化艺术含量等组织整体层面展开测评,基本涉及了组织及其成员生产、生活环境的方方面面。丹尼森等人的组织文化调查问卷强调愿景、战略导向和意图、目标等使命,以及一致性中的核心价值观等。霍夫斯泰德的多维组织文化模型强调员工导向以及对安全的需要等。郑伯埙的组织文化价值观量表强调科学求真、甘苦与共、团队精神、正直诚心、社会责任、敦亲睦邻等。这些既有的工具认为的对组织绩效将产生决定性影响的文化特质,在组织文化质量量表环境绩效测量的 6 项指标中,都得到了较好的反映。这一方面是从彼得·圣吉关于建立更适合人性的组织模式的角度考虑的,另一方面也是希望包括企业文化在内的组织文化建设也能切实确立起"新文化观"。这里需要说明的是,之所以将员工个人的生活幸福感也列入组织的环境绩效加以考察,是因为员工的个人生活幸福感将与组织的工作环境、人际关系、工作效率等相互作用,相互影响,这是不容置疑的。另外,无论是工作环境还是个人私生活所致,一个组织如果有太多的幸福感不强的员工,一些企业的悲剧就可能重演。

---

① 中国社会科学院哲学所"浙江经验与中国发展研究"课题组.科学发展观与新文化观[J].哲学研究,2006(11):56-62.

三、组织文化质量量表实证检验结果

由于理论构思的测量维度及其指标具有较强的主观色彩,因而很有必要对遴选的指标进行隶属度分析、相关分析和鉴别力分析,以增强评价指标的科学性、合理性和可操作性。拙著《文化管理的视阈:效用与价值》通过实际测度对该量表的隶属度、鉴别力以及信度和效度等进行了检验与分析。

本书根据理论遴选的评价指标制成专家咨询表,采用电子邮件、邮局邮寄、现场访谈和专家会议等多种方式,把专家咨询表送达各地专家,请专家根据自身的专业知识,从我们设定的 6 个维度、26 个评价指标中,评选出最理想的评价维度和指标,同时对于不理想的维度和指标进行修正或补充。共发送 210 份专家咨询表,回收 187 份,有效的专家咨询表为162 份。结果发现,由于我们设定的组织文化效用价值测量维度的理论基础来自平衡计分卡(balanced score card),在回收有效的专家咨询问卷中,认为从战略绩效、制度绩效、顾客绩效、激励(财务)绩效、学习绩效、环境绩效来测量一个组织的文化效用价值"非常有效的"有 37 份,"有效的"有 34 份,"基本有效的"有 52 份,即认为非常有效、有效或者是基本有效的,共计 123 份,占有效的专家咨询问卷的75.9%。而认为基本无效或者是无效的共计 39 份,占 24.1%。

为了深入分析各位专家对理论遴选评价指标的总体看法,本书以有效的专家咨询表为基础,对评价指标在各维度上的隶属度进行分析。隶属度这个概念来自模糊数学。假设在第 i 个评价指标 X_i 上,专家选择总次数为 M_i,即总共有 M_i 位专家认为 X_i 是评价组织文化效用价值的最理想指标,那么该评价指标的隶属度 $R_i = M_i/162$。若 R_i 很大,表明评价指标 X_i 在评价体系中很重要,可以保留下来进入评价指标体系;反之,该评价指标必须予以删除。通过对 162 份有效专家咨询表的统计分析,本书得到了 26 个评价指标的隶属度,均超过了 0.4,说明用 6 个维度、26 个指标测定文化效用价值,有着较强的代表性和较高的隶属度。

在经过理论遴选和专家评选的评价指标中,一些评价指标之间存在着高度的相关性,这种高度的相关性会导致被评价对象信息的过度重复使用,从而极大地降低评价结果的科学性和合理性。我们可以通过对评价指标之间的相关分析,删除一些隶属度偏低而与其他评价指标高度相关的指标,以消除或减少评价指标重复反映评价对象信息带来的对评价结果的影响。通常在对评价指标进行相关分析时,需要搜集大量不同组织的测量数据,如测量组织的某种绩效,就需要采集不同行业、不同区域、不同类型组织大量的相关数据。然而,本书认为,组织文化测量由于涉及价值观等极为主观的东西,与其他较客观(非观念性)的测量指标有着本质的不同。组织文化建设的目的是建立共有、共通、共享的价值观念,因而,不论一个组织的文化力量强弱,组织成员因为处于同一群体内部,或多或少地都会被组织或其他成员同化。因此,运用同一评价指标对一个组织及其成员进行价值观念方面的测量时,如果同一个组织内部的测量数据显示出相关性不高,那么,对于不同组织,其指标的相关性一般也不会高。

为了兼顾不同组织可能存在的个性差异,本书将采集的两家民营企业组织的测量数据,合并成一个样本总体,共计 312 个样本,运用 SPSS 软件对 26 个评价指标进行相关分析,以得到各个评价指标的相关系数矩阵。给定临界值 M 为 0.8,在相关系数矩阵中没有评价指标超过这一临界值,最高的是敢说真话与规范一致,相关系数为 0.719。可见,各评价指标间的相关性不强。根据鉴别力分析原理以及组织文化的特殊性,本书以两家民营企业组织共计 312 个样本分析测量指标的鉴别力,运用 SPSS 软件对这些评价指标进行方差分析,在方差分析基础上,计算出变差系数,以确定评价指标的鉴别力强弱。结果显示,26 项测量指标中,有 20 项的变差系数超过了 0.30,其中公平奖罚和奖励创新均超过了 0.50。只有 6 项测量指标的变差系数在 0.30 以下,但最低项总体工作氛围也有 0.26。同时,采用内部一致性信度和折半信度两种不同方法,检验组织文化质量量表指标体系的信度,并以 KMO-巴特利球度检验该指标体系的效度。经检验，Cronbach's α 为 0.931，大于 0.8；折半信度分析的 Cronbach's α 分别为 0.907、0.847，KMO 为 0.916，巴特利球度检验 p 为 0，小于 1%，说明此指标体系具有较高的信度和效度。[①]

综上，通过对国内外关于组织文化测量理论和实践大量文献的梳理与研究，同时吸取当前国内外 4 个有代表性的工具的合理和有益成分，我们构建了组织文化质量测量理论模型，并对其 6 个维度及 26 项二级指标进行了理论遴选和实证检验。总体来看，该量表的实证检验结果比较理想。由于专家对本量表各维度及其二级指标理论遴选结果很少持有异议，保持了过度的一致；同时，实际测度也只采集了两家公司的 312 个个体样本，实际测度面尚不够广泛。因而，本书的量表也还存在着一些问题和缺陷，还需要在今后的研究和实际测度中，不断加以修正和完善。

---

① 吴福平.文化管理的视阈：效用与价值[M].杭州：浙江大学出版社，2012：130-137.

第四章

组织健康测评术语、概念及主要指标

一、主要术语、概念

（一）文化理论类

1. 文化

文化（culture）是人类在生产、生活实践中或习得或累积或创造的内在制度（潜规则）与外在制度（显规则）互动的和。[①]

这是根据克罗伯等人 20 世纪 50 年代统计的 164 种之多的文化定义，以及克莱德·克拉克洪对文化隐形式样和显性式样的析分而给出的定义，也是本书的一个理论前提和预设。这意味着，实时地流动、变迁的文化机体内，所谓的文化，可以由三部分内容构成：

第一，外在制度。包括区域社会或社群组织及其全体成员当下实时地拥有的知识、语言、法律、礼仪、符号等大体上处于物化或者是外化状态的外在制度所构成的规则系统。

第二，内在制度。包括区域社会或组织及其全体成员当下所拥有的价值、信仰、习俗、习惯等相当于内在或者说是潜在的规则系统。

第三，前两者互动的和（见图 4.1）。

这一理论前提和预设的意义在于，可以将文化从静态功能性的研究推向动态规律性的研究和实践，并可谓之关于文化的实践性定义。而且，也可用以解释文化动力的来源问题，即内在制度与外在制度，特别是它们互动出来的那种"和"的状态。这同时也意味着，通常所说的文化有大约三分之二，即图 4.1 中的互动的和及内在制度（潜规则）是无形的、看不见的。

---

① 吴福平.文化全面质量管理——从机械人到生态和谐人［M］.北京：中国社会科学出版社，2006：123.

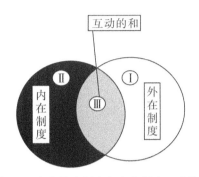

图 4.1　文化外在制度与内在制度互动模型

　　显而易见，这种意义上的文化具有公共性、潜在性、动态性、遗传性以及后现代主义哲学中所阐发的主体间性。文化的遗传性突出地体现在其内在制度以及已经具备条件也极有可能会累积沉淀为内在制度的互动的和部分。文化互动的和既可以看成黑格尔所说的"无条件的共相"，也可以看成休谟在《人性论》中所阐发的集体意向。同时，通过文化的实践性定义可以清晰地看到，这种意义上的集体意向应当被理解为通过交互认识而使群体成员的信念和愿望在集体行动时实现的一种特定的均衡。①显然，这种集体意向一旦沉积为群体的内在制度，就具有极强的遗传性。正因如此，可以进一步认为，可能只有文化的实践性定义才能精确地解读文化的遗传性及其复制、传播的基本规律和基本途径，进而可以为探寻文化基因以及开展文化基因解码奠定坚实的学理基础，而文化的公共性、潜在性、动态性、主体间性也为揭示文化基因的本质和内涵以及开展文化基因解码提供了更为充分的依据以及较为可靠的思路和进路。

---

　　①　张践明.集体意向：交互认识的均衡[J].湘潭大学学报（哲学社会科学版），2014（6）：119-121.

2. 质量

质量不仅是一个结果的问题,也是一个过程的问题。质量概念可以被拓展应用到很多不同的领域,如工作场所、健康、环境、家庭和消费观念、管理等。[①]

3. 文化内部性动力与外部性动力

如果借用经济学内部性和外部性概念来对迄今为止的文化动力及动力机制的研究加以区分,其大体可以归结为两类[②]:

一类是以阐述文化发展的内在动力——可以称之为内部性动力,也就是以探究文化自身发展的动力或动力机制为主的研究。这方面的代表人物有索绪尔、尤里·米哈伊洛维奇·洛特曼以及莫里斯·梅洛-庞蒂等。

另一类是以探究文化外在动力——可以称之为外部性动力,亦即以文化推动经济、政治、社会、生态等发展的外部性功能和作用及其机制、机理等为主的研究。黑格尔、马克斯·韦伯、汤因比等都是这方面的代表性人物。

4. 有限与无限共在说

有限与无限问题既是数学、物理学等自然科学研究的问题,也是人文社会科学特别是哲学思考和探究的重要对象。康德在《纯粹理性批判》中论及的 4 组二律背反命题包括时间有始无始、空间有界无界、物质可分不可分以及自由与必然等,本质上涉及的就是有限与无限的问题。康德正是运用归属于理念世界(无限)的理性来反证正题,运用归属于经验世界(有限)的知性来反证反题。二律背反的冲突和矛盾的根源在于把诸如"无条件的必然者""无限的总量"等混淆了有限和无限的观念或理念应用

---

① 张海东.社会质量研究[M].北京:社会科学文献出版社,2011:30-33.
② 吴福平.文化原动力及其传导机制研究[D].杭州:浙江大学,2018.

于现象。真正讲来，如果按照黑格尔的逻辑，康德以及萨特所说的有限与无限及其所造成的理性矛盾和新二元论并不大错。但是，无限并不是一个固定的自身完成之物，可以离开有限而独立存在，唯有在有限里，无限才能达到它的目的和真理。同样，有限也并不是一个超出无限的抽象之物，有限唯有扬弃并包括无限于其内，方可称为有限，方可证实为有限。有限与无限共在说启迪人们，理论理性必须警惕和慎重对待在有限领域成立而在无限领域未必坚实可靠的种种学说、命题、理论；反之亦然。

譬如：牛顿经典物理学在有限领域是成立的，但在无限领域则不得不接受爱因斯坦相对论以及量子力学，等等；统计学上著名的辛普森悖论（Simpson's paradox），即在某个条件下的两组数据分别讨论时都会满足某种性质，可是一旦合并考虑，却可能产生相反的结论。这在有限领域里是成立的，而一旦进入无限领域来考察，所有的潜变量都极有可能转化为显变量，不但悖论不成立，而且，统计分析结果也极有可能差之毫厘而谬以千里。

李德昌受老子《道德经》中关于"道生之，德蓄之，物形之，势成之"的"势"的启示，提出的"势科学"认为，自然和社会都是由差别促进联系，联系扩大差别的"势"推动的。这在无限领域是成立的，但在有限领域，虽然"势"客观存在，却不可能人为"造势"，即便是造出了"人为势"，也可能会对"自然势"造成不可预计的破坏。本质上，客观世界没有一物不联系，也没有一物不差别，"势"显然是自然和社会领域普遍存在的客观现象。然而，一方面，客观世界不存在没有差别的联系，也不存在没有联系的差别，因而实际上不可能也不可以人为造势；另一方面，即便去造，在社会领域造出的极有可能也只是一块一块的"铁板"，或者至多是"铁板一块"。随着科学技术的发展，人为造势行为对于"自然势"、自然之道的破坏，到底会有什么样的后果，目前是无法预测也是难以预计的。因此，无论造的是"自然势"还是"社会势"，都必须慎之又慎，不然，特别是在社会领域，造的极有可能都是韩非子在《难势》中提及的"人设之势"，进而导致灾难性的后果。这就要求任何一个涉及社会公共事务的公共决策都必须站在有限与无限共在说的角度来慎重地做出，以实现西蒙所说的"满意决策"。

由于任何的公共事务的展开都必然经由或者是面对文化了的或者是正在被文化的人,从这个意义上说,一切决策皆是文化决策。从有限看,文化决策涉及每一个文化了的或者是正在被文化的人;从无限看,任何一项文化决策乃至通常意义上的公共决策的广泛实施,都极有可能成为永久性的文化记忆。一个区域、一个社会、一个民族的所有出现过的文化现象、文化事件,作为一种文化记忆,便可能成为基因而或隐或现地恒久存在。因而,文化决策尤其要经得起有限与无限共在说的推敲。

5.形式理性、实质理性、文化理性人

形式理性与实质理性的区分源自马克斯·韦伯和哈贝马斯。形式理性是与工具理性相似的概念,它不涉及价值和目的,只求形式上的严密性、完整性、合理性,等等。经济学中所谈论的理性就是一种形式理性,与人类学、社会学、文化社会学中的理性有着本质的区别。后者正是哲学、价值学上谈论的理性,是实质理性,是与实际目的和价值联系起来的理性,是理性的一般。[①]

本质上,既没有区分实质理性与形式理性的必要,也没有这种区分的可能。在哲学思想史上,人人都知道,爱利亚派哲学家巴曼尼得斯就已经进展到以存在为形式的纯思阶段。按照黑格尔的逻辑,形式只有扬弃并包含存在于其内,方可称为形式;存在亦然。关键在于这些理性人在博弈中的判断力从何而来。康德在《判断力批判》中指出,在具有高层认识能力的家族内,有一个处于知性和理性之间的中间环节。"这个中间环节就是判断力,对它我们有理由按照类比来猜测,即使它不可能先天地包含自己特有的立法,也同样可以先天地包含一条特有的寻求规律的原则,也许只是主观的原则;这个原则虽然不应有任何对象领域作为它的领地,却仍可以拥有某一个基地和该基地的某种性状,对此恰好只有这条原则才会

---

① 张践明.囚徒困境、理性悖论、交互认识论[J].湘潭大学学报(哲学社会科学版),2007(6):38-40.

有效。"①由此看来，不仅参与一切社会事务判断和博弈的人都是先天理性人，都以"恰好只有这条原则才会有效"的理性原则行事，而且，参与的动力正在于理性或"先天地包含一条特有的寻求规律的原则"的存在。

也正因如此，制度经济学在触及文化问题时也发现，人类创造文化并不是因为其先知先觉或者全知全能，而是因为自觉地保持了一种"理性的无知"。这是因为，"从时间、努力和资源的角度来看，获取信息和分析新知识都是代价高昂的。因此，无人愿意获取复杂运作所需要的全部知识。相反，人们更愿意通过自己与他人的交往，设法利用他人的知识。实际上，在知识搜寻成本高昂而成果又不确定的情况下，人们只获取特定的部分信息并保留对其他信息的无知是合乎理性的（理性的无知）"②。这就是说，人类既不可能亦无必要做到全知全能或者是先知先觉，保持这种"理性的无知"，依靠文化性规则去填充它，实在是一种理性的选择。也就是说，文化人也是一种理性人，是文化理性人，并且，与经济理性人遵循着同样的理性准则。

（二）文化基因类

1. 文化基因

文化基因是社会文化系统的遗传信息和初始密码，是历代社会成员在生活和生产活动过程中心灵创造的积累，是社会的灵魂，是一个社会存在和进化、变革和发展的最终决定力量，是文化价值和效用价值、文化内部性动力和外部性动力诸要素及其功用的总和，是一个社会文化系统全部基因组合的总称。它反映社会文化机体的遗传构成，并在作为社会文化表现型的文明中得以传承和表达、变革和进化。文化基因通常表现为

---

① 康德. 判断力批判[M]. 邓晓芒，译. 北京：人民出版社，2002：11.
② 柯武刚，史漫飞. 制度经济学——社会秩序与公共政策[M]. 韩朝华，译. 北京：商务印书馆，2003：65.

一种集体意识和无意识、精神力量和意识形态的存在,具有无形性、普遍性、特定性和遗传性。

这一定义,来源于以下三种解释:

第一种,文化本身就是经济社会发展的基因。这一点被进一步表述为:昨天的文化,今天的经济;今天的文化,明天的经济。文化是社会系统内"社会——文化遗传基因"的总和,是历代社会成员在生存和生产过程中心灵创造的积累。文化是社会系统发展的最终决定因素,它最终决定社会系统的存在和进化、变革和发展。文化同文明的关系恰好就是生物学上所说的基因型同基因表现型的关系:文化是社会系统内的遗传基因,文明则是文化的社会表现。① 文化是流动的文明,文明是凝固的文化。② 这种意义上的文化基因是文化作为一个整体而对政治、经济、社会、生态等的外部性的功能和作用,是文化外部性动力功能和效用的具体体现。

第二种,文化自身存在、变革和发展的基因。这个意义上所说的文化基因是文化的一种内部性动力,是人类生命创造力区别于动物本能力量的一种属性,是人类在一切文明创造活动中所表现出来的本质力量或文化力。由于这种文化力直接体现了人类的创造力,体现了人类区别于一般动物的原创性力量,因此,它是最纯正的文化价值;蕴含这种文化力的文化质,便是最纯正的文化价值因素。③ 可以认为,这正是恩格斯所说的构成历史的真正的"最后动力的动力",并且,"是使广大人民群众、使整个整个的民族,并且在每一个民族中间又是使整个整个阶级行动起来的动机"④,这"可以看作一个作为整体的、不自觉地和不自主地起着作用的力量"⑤。

---

① 闵家胤.社会——文化遗传基因(S-cDNA)学说[J].杭州师范大学学报,2010(3):101-107.

② 吴福平.文化全面质量管理——从机械人到生态和谐人[M].北京:中国社会科学出版社,2006:2.

③ 杨曾宪.试论文化价值二重性与商品价值二重性——系统价值学论稿之八[J].东方论坛,2002(3):10-18.

④ 马克思恩格斯选集(第4卷)[M].北京:人民出版社,2012:255-256.

⑤ 马克思恩格斯选集(第4卷)[M].北京:人民出版社,2012:697.

第三种,前两种解释综合和辩证的统一。文化基因是文化内部性动力和外部性动力因素及其功能与作用的总和[①],是一个社会文化系统全部基因组合的总称。它反映社会文化机体的遗传构成,并在作为社会表现的文明中得以传承和表达、变革和进化。

2.文化基因图谱

文化基因图谱可以运用文化原动力模型来加以绘制。文化原动力也可以看成真正的文化基因,是一个文化机体衍生、演化、流变的原始动力和原初力量。因而,根据文化原动力模型便可以绘制一幅"T－A－P－C文化基因图谱"。[②]

3.文化基因 DNA 和 RNA

通过存在论变革,马克思主义的自由理性本质上找到了劳动的、实践的、人间的自由和美,唯有自由才能让文化基因 DNA 4 种碱基,即 T(理论理性)、A(审美理性)、P(实践理性)、C(交往理性)运作起来。并且,自由即美,因而,可以用自由理性(disengaged rationality,约定缩写为 O),代替文化 DNA 基因中的审美理性 A。这样,便可以把文化基因 RNA 的4 种碱基确定为:T(理论理性)、O(自由理性)、P(实践理性)、C(交往理性)。[③]

4.文化基因 DNA 双链－四碱基结构

文化基因的 4 种碱基,即理论理性(T)、审美理性(A)、实践理性(P)、交往理性(C)4 种理性。这 4 种碱基在联系扩大差别,差别促进联系的"势机制"的作用下,所产生的力和"势",便可以看成文化机体最本源、最

① 吴福平.文化原动力[M].杭州:浙江大学出版社,2018:138-140.
② 李亚楠,吴福平.文化基因解码:原理与方法[M].杭州:浙江大学出版社,2021:45.
③ 李亚楠,吴福平.文化基因解码:原理与方法[M].杭州:浙江大学出版社,2021:74-75.

初始的动力和动因。因而,可以将这 4 种理性所呈现的联系和差别、一致性和差异性及其所产生的结构性张力,看成文化基因的双链,即 S 链和 K 链,进而给出一个"双螺旋—四碱基"的文化基因结构理论模型。[①]

（三）文化管理类

1. 文化力量和质量

文化力量是一种既有大小又有方向的矢量（向量）;文化质量则是对文化力量所发挥的功能、效用、效值等的度量。

文化力量也可以称为文化向量。大小与方向的有机结合是向量的首要特征。这意味着,同一向量,即使其大小不变,一旦方向改变,其力的性质也会发生本质性的变化。就文化向量来说,则又意味着,无论是组织还是其成员,基于某一基因而模仿、复制、遗传及滋生的外在制度或者是内在制度,一旦出现其所呈现的文化力量便自行规定了方向。因为其方向一旦改变,即使大小不变,其力的质或性质就会发生改变,就可以认定为不是原本意义上的力。因而,文化力量和质量的区别如图 4.2 所示。

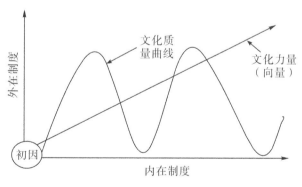

图 4.2　文化力量与质量

---

① 李亚楠,吴福平.文化基因解码:原理与方法[M].杭州:浙江大学出版社,2021:56.

2.文化质量管理

在组织中实行的文化质量控制过程,包括策划、组织、指挥、协调和控制组织文化的质量及其流动、变迁的趋向,提升组织文化效用价值,培植、打造文化软实力。

3.文化全面质量管理

第一,把组织内出现的任何一个简单现象都看作整个组织文化运作规则作用下产生的必然与唯一。

第二,牢牢把握文化的核心。在文化重心的推移中,不断推进组织学习,发展并保持组织文化的核心和文化力量。

第三,与顾客、供应商以及一线员工保持密切联系。把他们当作文化顾问,不断发现问题,不断推进组织学习。

4.组织生命周期

无论是大型的开放式组织抑或是小型的闭合式的各类社群组织,其组织生命周期性几乎是一种不可抗拒的规律。组织生命周期一般分为 4 个基本阶段:创办期、成长期、成熟期、衰退期。

创办期的主要特点是,大多数企业组织结构弹性很大,规章制度不健全,没有形成自身的组织文化。但是,由于企业面临环境风险和生存压力,员工往往比较齐心,民主气氛较浓,组织充满活力。

成长期的主要特点是,组织规模不断扩大,部门岗位设置不断细化和规范化,组织层级越来越多,规章制度不断健全,组织稳定性不断增强,组织结构弹性变小,人员效率和组织效率保持较高水平,企业文化开始形成。

成熟期的主要特点是:一方面,组织结构趋于稳定,部门和岗位设置基本固化,工作程序比较规范,人员分工严密,规章制度比较健全,组织稳定性继续增强,弹性进一步变小;另一方面,维持组织运行的管理成本大大增加,人员效率和组织整体效率虽然保持较高水平,但是,与发展期相比往往较低，企业文化变得成熟并形成自身的特点。

衰退期的主要特点是，组织规模较大，管理层级较多，决策和执行的效率都比较低，组织稳定性很强，弹性很小，组织效率显著下降。同时，由于过去成熟期的成功，骄傲自满情绪滋长，官僚主义滋生，组织文化开始变得保守，创新和改革的阻力大大增加。[①]

5.文化质量周期

研究表明，无论是大型的开放式组织抑或是小型的闭合式的各类社群组织，从"超"（S）文化态，至"合"（I）文化态再到"和"（H）文化态甚至"纯"（P）文化态，就是一个连续的、周而复始的文化质量周期（见表4.1）。任何一个组织文化机体在其流动、变迁的过程中，进入"纯"（P）文化态时，就有可能出现"成功的陷阱"和"反学习"；当进入"超"（S）文化态时，便会陷入"文化断裂"，乃至出现文化危机。文化机体在其内在制度（潜规则）与外在制度（显规则）的互动过程中，几乎都要经历这种文化质量周期，这极其可能是产生组织生命周期的最深层原因。

表4.1　4种文化形态

文化形态	外在制度（显规则）	内在制度（潜规则）	一般流变趋向
"超"（S）文化态	不相容		
"合"（I）文化态	基本相容		
"和"（H）文化态	相容		
"纯"（P）文化态	完全相容		

①　张德，吴剑平.文化管理——对科学管理的超越[M].北京：清华大学出版社，2009：209-215.

6. 文化质量预警系数

任何一个文化机体都在流动、变迁过程中，其文化断裂系数（CV）有2个临界值，0.280和0.414。当小于等于0.280时，就开始进入"纯"（P）文化态，并极有可能出现"成功的陷阱"或"反学习"；当大于0.414时，则开始进入"超"（S）文化态，必将陷入"文化断裂"，进而导致文化危机的出现（见表4.2）。

表 4.2　4 种文化形态与文化断裂系数、文化质量指数和文化核心竞争力指数

文化形态	文化断裂系数（CV）	文化质量指数（CQI）	文化核心竞争力指数（CCI）
"超"（S）文化态（CV＞0.414）	1.000	0.000	−1.00
	0.600	0.250	−0.35
	0.414	0.414（预警系数）	0.00
"合"（I）文化态（0.330＜CV≤0.414）	0.350	0.480	0.13
"和"（H）文化态（0.280＜CV≤0.330）	0.330	0.500	0.17
"纯"（P）文化态（0≤CV≤0.280）	0.280	0.560（预警系数）	0.28
	0.130	0.750	0.62
	0.000	1.000	1.00

7. 文化软实力

根据价值的认同和认异、内敛和外张 2 组对立维度建立坐标轴，可以析分出凝聚力、传播力、学习力、革新力 4 种不同类型的文化软实力（见图4.3、图4.4）

图 4.3 文化软实力四分法

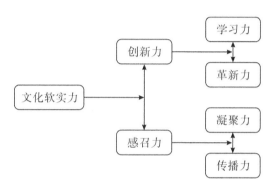

图 4.4 文化软实力分类

8.组织文化质量

无论开放式组织(区域社会)还是闭合式的各类组织(如企业)的文化质量,都是由学习力、革新力、凝聚力、传播力等组织文化软实力,以及战略绩效、制度绩效、顾客绩效、激励绩效、学习绩效、环境绩效等文化效用价值共同构成,体现了组织的核心竞争力以及组织文化的功能和效用(见图 4.5)。

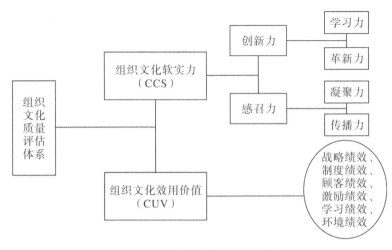

图 4.5　组织文化质量评估体系

9.文化管理的"天地人"假设

"天地人"人性假设阐述的是一种思想,颂扬的是一种精神,顺应的是社会文化和人类文明发展的一种趋势,注重的是关于人的哲学化思考,突出的是人在天、地之间作为万物之灵、天地之心的地位,关注的是天、地、人的同生并存、和合共赢发展。其对人的基本判断是:人是"天地人"。这在哲学层面上,是主客观相和合的关于我们所生息的宇宙物质世界的高度哲学概括;在管理思想上,既强调了人在天、地之间所应有的地位,又主张"天大,地大,人亦大",并以实现"天地人和"为最高目标。也因此,这是对管理学史上既往一切管理人性假设的超越,且不仅与文化管理的基本理念和目标完全一致,亦有望全面扩大和拓展文化管理的理论视域。可以相信,依此展开文化管理理论、管理模式、管理方法的构建,将有利于应对"这个时代的管理挑战",实现管理学的"一个根本的转型",即"从基于攫取自然和社会资本、专门为私利而进行的创新,转向为滋养社会和生态的健康福祉的创新"①,进而有效地解决当今时代出现的管理失灵和发展失灵问题,或可一并揭开世界管理思想史的崭新一页。

---

① 彼得·圣吉.第五项修炼:学习型组织的艺术与实践[M].郭进隆,译.上海:三联书店出版社,1998:128.

10.组织学习

组织学习概念的提出要早于文化管理概念。1958 年,麦瞿(March)和赛蒙(Simon)就提出了组织学习问题;1965 年,康勒斯(Cangelosi)和狄尔(Dill)在 *Administrative Science Quarterly* 上发表的"Organization learning:Observations toward a theory"一文,开了组织学习实证研究之先河。1978 年,阿吉里斯(Argris)与舍恩(Schon)出版了 *Organizational Learning:A Theory of Action Perspective*(《组织学习:行动透视理论》)一书,正式提出了组织学习的概念,标志着人们对组织学习系统化研究的开始。阿吉里斯也因此被誉为组织学习之父,他认为,"学习应该被定义为检测和纠正错误"[①],是一个不断"打破那些自我推动、'反学习'和过分保护的流程"的过程[②]。彼得·圣吉在曾引起人们广泛关注的《第五项修炼:学习型组织的艺术与实务》一书中指出,组织学习是管理者试图增强组织成员理解和管理组织及其环境的能力和动机,从而使其能够不断提高组织效率的过程。[③] 埃德加·沙因(Edgar Schein)在《企业文化与领导》一书中则认为,"领导者所要做的唯一重要的事情就是创造和管理文化,最重要的才能就是影响文化的能力"[④]。在动荡变革的世界,组织必须不断地更快地学习,这就须要具有永久学习功能的学习文化。当代组织尤其是成熟的组织中,领导者的主要任务就是建立和维持这样一种文化。

---

① 阿吉里斯.组织学习[M].2 版.张莉,李萍,译.北京:中国人民大学出版社,2004:406.

② 阿吉里斯.组织学习[M].2 版.张莉,李萍,译.北京:中国人民大学出版社,2004:7.

③ 彼得·圣吉.第五项修炼:学习型组织的艺术与实务[M].郭进隆,译.上海:三联书店,1998:133.

④ 沙因.企业文化与领导[M].朱明伟,罗丽萍,译.北京:中国友谊出版公司,1989:372.

11. 学习与"反学习"

学习的过程就是"反学习"的过程。

第一,学习如经济学上所说,是有机会成本的。一种学习活动的展开总是以拒绝和放弃甚至于有意或无意地"反对"其余所有的学习机会为代价的。其结果极有可能如莱布尼茨在《人类理智新论》一书中所指出的,基于现实的知识和习惯的知识的局限,"人们既然一次只能明白清楚地想着单独一件事,如果只认识他们思想中现实的对象,那人们就会全部太无知了;而那最有知识的人,也会只认识一个真理"。[①]

第二,学习并非只是对知识的学习,更多的是对隐匿于知识背后的关于生产这些知识的逻辑起点、隐藏于知识背后的假设以及知识产生者的心智模式等的学习,也因此,当全面地、深入地、根深蒂固地接受了某一种、某一类、某一门知识,或者是从事某一类知识的学习和再学习、生产或者是再生产活动的时间越长,就越有可能"溺爱"、痴迷于该类知识,尤其是该类知识背后的隐含逻辑、隐藏假设以及关于该类知识生产者的心智模式等,就越有可能变得一叶障目,不及其余,甚而至于顽固不化、冥顽不灵。

第三,组织或者个人都极有可能进而形成一种自我强化的、根深蒂固的、本质上又正是"反学习"的学习文化。

12. 文化管理的"反学习"本质

文化管理的过程,是组织价值观的群化过程。文化强调增加多样性,管理则"注重淡忘和减少多样性"。因而,文化管理与组织学习本质上极其相类似,不仅均可以视作"一种矛盾修饰法",一个对立的过程。而且文化管理在"淡忘和减少"文化多样性的过程中,将会强化组织学习的种种

---

① 莱布尼茨.人类理智新论[M].陈修斋,译.北京:商务印书馆,2006:419.

障碍,强化学习悖论,进而天然地具有"反学习"的本质和特性。①

13. 文化质量管理的基本原则

为了解决文化管理的"反学习"问题,至少要坚持 4 项基本原则:一是在组织价值观特别是核心价值观的形成过程中,必须始终坚持对价值的动态的评价判断而非静态的描述和解释;二是在组织价值观群化过程中,必须始终坚持反对有意或者是无意地制造出一张价值等级表、一种价值目录,并依此排列各种价值;三是在基于价值观的管理的全过程,管理者或者是领导者必须始终坚持做到在展开前述两项工作时,不存任何成见和偏见;四是管理者必须始终坚持允许和鼓励所有组织成员及利益相关者(甚至是更大的范围的社会团体或个人),对自身的拷问、探询和批评。

二、主要测量指标

文化测量涉及以下主要统计指标:

第一,均值是指所有参评人员评估值的平均值。

第二,中值是一组按大小顺序排列的观察值中,位居中间的数值。

第三,众数是评估值中出现最多的数。

第四,平均差反映所有评估值与均值的偏离程度,体现评估人对同一问题认识的一致性程度。平均差越大,表示认识越不一致。

第五,峰度体现统计数据分布的集中程度。峰度大于 3,表示统计数据(比正态分布)更集中地分布在平均数周围;峰度小于 3,表示统计数据(比正态分布)更分散地分布在平均数周围。

第六,偏度是对统计数据分布偏斜方向和程度的度量。偏度为负数,表示统计数据左向偏斜;偏度为正数,表示统计数据右向偏斜。

---

① 迪尔克斯,等.组织学习与知识创新[M].上海社会学院知识与信息课题组,译.上海:上海人民出版社,2001:23.

三、主要指标计算公式

本书中的主要测量指标包括文化力量(culture power,CP)、文化质量(culture quality,CQ)、文化核心竞争力(culture core competence,CCS)、文化质量指数(culture quality index,CQI)、文化核心竞争力指数(culture core competence index,CCI)[比较文化质量指数(comparative culture quality index,CCQI)]、文化断裂系数(coefficient of culture crack variation,用统计学上的离散系数替代,简称 CV)、文化软实力(culture soft power,CSP)、文化"势"(system tendency,ST)等。

其中,文化力量(CP)是组织成员对组织内共通、共有、共享的价值观评估赋值的平均值。一般来说,该指标值越大,越理想。

文化质量(CQ)是组织文化质量指数(CQI)与文化力量(CP)的乘积,是组织文化内在制度在组织中能够真正发挥功能和效用的具体量值。一般情况下,该指标也是越大,越理想。

文化核心竞争力(CCS)是文化核心竞争力指数(CCI)与文化力量(CP)的乘积,是组织文化核心竞争力量值的体现,并可区分为名义文化核心竞争力(NCCS)和实际文化核心竞争力(ACCS)。一般情况下,该指标值越大,越理想。

文化质量指数(CQI)是组织文化内在制度的能量或力量指数,这是组织文化凝聚力、向心力大小的体现,因而本书将它看成一个组织的健康指数。一般情况下,该指标值越大,越理想。

文化断裂系数(CV)是组织及其全体成员各种价值观离散、分裂力量指数,是组织文化离散、断裂程度的体现。该指标是一个逆向指标,一般情况下,该指标值越小,越理想。

文化核心竞争力指数(CCI)又称比较文化质量指数(CCQI),与文化质量指数(CQI)相类似,是组织文化核心竞争力的体现。一般情况下,该指标值越大,越理想。

　　文化软实力(CSP)指区域社会或各类社群组织在长期的生产、生活实践中积累、积淀起来,弥漫在整个组织及其领导层和全体员工中的学习力、革新力、凝聚力、传播力。学习力与革新力合称为创新力,凝聚力、传播力合称为感召力。根据文化质量预警系数计算方法,结合"势"科学,导出文化软实力(CSP)。[①]

　　上述指标相应的计算公式如下:

$$CQI = \frac{\overline{X} - MD}{\overline{X} + MD} \tag{1}$$

$$CCI = CCQI = \frac{\overline{X} - MD}{\overline{X} + MD} - CV \tag{2}$$

$$CV = \frac{MD}{\overline{X}} \tag{3}$$

$$CP = \overline{X} = \frac{\sum_{i=1}^{n} X_i f_i}{\sum_{i=1}^{n} f_i} \tag{4}$$

$$MD = \frac{\sum_{i=1}^{n} |x_i - \overline{x}| f_i}{\sum_{i=1}^{n} f_i} \tag{5}$$

$$CQ = CP \times CQI \tag{6}$$

$$CCS = CP \times CCI \tag{7}$$

$$CSP = f \times \frac{OS}{100 - \overline{X}} \times CQ = f \times \frac{OS \times \overline{X}}{100 - \overline{X}} \times CQI \tag{8}$$

其中:x_i 为统计数据变量值,$n, i \in \mathbf{N}$;f_i 为各个变量取值出现的次数,或称为频数;OS 为复杂系统内部的差异性(otherness,简称 OS);MD 为统计数据变量值的平均差(mean deviation,MD)。

---

① 　吴福平.文化测量:原理与方法[M].杭州:浙江大学出版社,2014:89-99.

　　此外，上述各项指标中，CP、CQ、CCS、ST 与 CQI、CCI、CV、CSP 等有一定的区别，可以作为两大类不同性质的指标来区分。前 4 项主要是文化功能、效用的反映，侧重在反映流变中的文化机体相应指标值的量；后 4 项指标所反映的则是文化机体的流变性状，侧重在质。总体而言，在文化实际测量值的分析中，上述两大类指标须结合起来综合考量，即考虑其量和质的区别和联系、一个文化机体总体的力和质，以及组织的文化质量和健康状况等。

第五章

案例分析：文化基因与组织健康测量报告

一、评估目的、抽样规则和调查对象的描述性统计

(一)评估目的

高质量的企业需要高质量的文化支撑。本章根据文化质量管理原理、文化质量预警系数计算方法、文化基因解码原理与方法,结合组织文化质量量表,运用调查问卷,对企业高层管理人员、中层管理人员、普通员工、专业技术人才等具有不同职位、不同工龄、不同工种、不同知识背景的员工进行问卷调查。根据问卷统计结果进行分析,对公司文化基因、文化的力量与质量、文化核心竞争力、文化断裂和离散程度等企业文化的流变性状进行综合考量,得出组织文化的战略绩效、管理绩效、团队绩效、激励(财务)绩效、学习绩效、环境绩效,并根据相应指标测量值,对其文化质量周期和组织生命周期、文化基因与企业健康等做出判断,旨在为该公司建设高质量的、有机互动的、和合共赢的企业文化,提升组织效率和员工效率,推进企业文化管理,增进企业组织健康等,提供决策参考和量化依据。

(二)抽样规则

为了使评估工作更有统计学上的科学性,本书在抽取样本时,充分考虑了样本的代表性,要求不同部门、不同职位、不同性别和新老员工均要有一定的参与比例。本次调查共发放问卷 189 份,其中,问卷回收 185份,回收率为97.88%,剔除无效问卷 5 份,剩余有效问卷 180 份,问卷有效率为 95.23%,问卷发放数及有效问卷数符合社会科学统计方法关于总体数与样本数比例的要求。

(三)调查对象的描述性统计

本次以 M 公司为调研对象,被调查的员工共有 180 人,被调查对象的描述性特征如表5.1所示。

表 5.1　调查对象的描述性统计

统计内容	分类项目	样本个数	百分比
性别	男	70	38.9%
	女	110	61.1%
年龄	22 岁及以下	59	32.8%
	23—28 岁	93	51.7%
	29—40 岁	23	12.8%
	41—55 岁	5	2.7%
学历	初中及以下	36	20.0%
	高中或中专	95	52.8%
	大专	38	21.1%
	本科	11	6.1%
职务	高层管理人员	0	0%
	中层管理人员	61	33.9%
	普通员工	112	62.2%
	专业技术人员	7	3.9%
工作时间	1 年及以下	63	35.0%
	2—3 年	83	46.1%
	4—5 年	30	16.7%
	6—10 年	3	1.7%
	11 年及以上	1	0.5%

二、企业健康综合分析

(一)组织文化质量测量结果综述

1.测量结果概述

组织文化质量测量结果显示,M公司的企业文化治理取得了较大的成就,主要包括:公司战略得到了员工的深度认同,员工对公司发展前景普遍看好;公司制度较为规范,管理较为有序,以市场型、层级型为主,同时兼具宗族型、活力型的企业文化已经形成;拥有相互理解、支持的上下级关系,员工有着较为明确的工作目标与努力方向,公司拥有非常强大的名义文化核心竞争力[①];公司拥有良好的工作氛围,拥有一批对公司发展高度负责的员工,员工具有较强的工作快乐感和幸福感;等等。当然也存在着一些不容忽视的问题,主要有:企业文化效用总体上存在着"三高三低"现象(见图5.1),在M公司6个维度的测量值中,顾客绩效、环境绩效、战略绩效的测量值相对较高,而制度绩效为71.8,激励绩效为71.5,学习绩效为71.2,相对较低,均值为73.5(理想值为100,在浙江省106家企业的组织文化质量测量中,M公司的测量值是最高、最为理想的);公司部门之间的配合、协作存在较大问题,公司内部可能存在着较多的非正式组织;企业实际文化核心竞争力尚未形成,有利于企业创新发展的文化重心与文化核心存在偏离现象;管理层存在一定的官僚主义倾向,员工对个人前途普遍不看好,对容忍错误、合理报酬意见较多。总体来看,M公司企业文化处于"和"文化态,是一家典型的处于成熟期的企业。

---

① 公司上下对企业现状和问题,包括好的或不好的现象,都达成了共识,形成了高度一致的意见。找到问题是解决问题的关键,能形成一致意见、达成共识的问题一般较容易得到解决,能形成一致意见、达成共识的企业是有很潜力的企业。

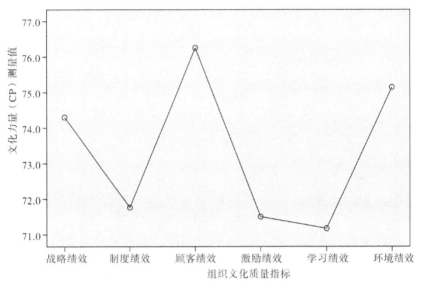

图 5.1 M 公司组织文化质量测量值

2.企业健康指数

文化,一致性是存在的理由,差异性是活力的源泉。文化的一致性系数有一个区间,其预警系数的区间为[0.414,0.560],崩溃系数区间为[0.382,0.618]。M 企业的文化质量指数为 0.628(见表 5.2),这说明该企业员工对很多问题可能已经有高度一致的意见,这要从两个方面看:一方面,该企业优质的、健康的企业文化已经形成,且运行良好;另一方面要警惕这种过高的一致性所潜藏的"成功的陷阱"。

3.基因型

根据文化基因解码原理,M 公司的基因型可以判定是 COP,即该公司是以命题真实性、规范正确性、主体真诚性的交往理性为主导的,具有追求精心、精致、精巧、精美的审美意趣和"事功"精神。COP 基因型的反密码子为 TPO 或 OCO,即该公司今后可能需要强化以公平、公义等为主导的"事功"精神,改变人们把工作仅仅当成获取收益的工具的工具性工作观,努力使人们跳出经济与美德不可兼容的误区,全面确立更加关注人的精神层面的工作观,以建立更适合人性的组织。

表 5.2 M 公司组织文化质量量表 6 个维度、26 项指标测量值汇总

指标	文化力量(CP) 100	文化质量(CQ) [38.2,61.8]	文化核心竞争力(CCS) [38.2,61.8]	文化断裂系数(CV) [0.236,0.330]	文化质量指数(CQI) [0.382,0.618]	文化核心竞争力指数(CCI) [0.382,0.618]
理想值(区间)	100	[38.2,61.8]	[38.2,61.8]	[0.236,0.330]	[0.382,0.618]	[0.382,0.618]
战略绩效(X₁) 单位前景(X₁₁)	80.44	57.68	44.43	0.165	0.717	0.552
个人前途(X₁₂)	68.18	41.33	24.61	0.245	0.606	0.361
集体努力(X₁₃)	74.62	48.27	32.27	0.214	0.647	0.432
个人努力(X₁₄)	73.98	48.76	33.57	0.205	0.659	0.454
均值	74.30	49.01	33.72	0.207	0.657	0.449
制度绩效(X₂) 重视过程(X₂₁)	70.77	40.97	22.09	0.267	0.579	0.312
看重结果(X₂₂)	72.60	43.56	25.41	0.250	0.600	0.350
竞争有序(X₂₃)	71.58	44.18	27.24	0.237	0.617	0.381
灵活自主(X₂₄)	72.13	44.05	26.62	0.242	0.611	0.369
均值	71.77	43.19	25.34	0.249	0.602	0.352
顾客绩效(X₃) 上司关心(X₃₁)	74.48	44.37	25.50	0.253	0.596	0.342
同事友情(X₃₂)	79.78	52.80	36.56	0.204	0.662	0.458
外部声誉(X₃₃)	78.10	51.40	35.30	0.206	0.658	0.452
内部满意(X₃₄)	72.67	45.24	28.35	0.233	0.623	0.390
均值	76.26	48.45	31.43	0.224	0.635	0.410

续表

指标		文化力量（CP）	文化质量（CQ）	文化核心竞争力（CCS）	文化断裂系数（CV）	文化质量指数（CQI）	文化核心竞争力指数（CCI）
激励绩效（X₅）	公平奖罚（X₄₁）	71.44	42.45	24.26	0.255	0.594	0.340
	合理报酬（X₄₂）	66.55	40.36	24.05	0.245	0.606	0.361
	鼓励竞争（X₄₃）	75.19	48.35	32.02	0.217	0.643	0.426
	激励创新（X₄₄）	72.85	43.75	25.57	0.250	0.601	0.351
	均值	71.51	43.73	26.48	0.243	0.611	0.369
学习绩效（X₅）	平等尊重（X₅₁）	75.71	47.11	29.48	0.233	0.622	0.389
	规范一致（X₅₂）	70.05	41.86	24.21	0.252	0.598	0.346
	容忍错误（X₅₃）	68.74	41.19	23.97	0.251	0.599	0.349
	敢说真话（X₅₄）	70.22	39.88	20.52	0.276	0.568	0.292
	均值	71.18	42.51	24.55	0.252	0.597	0.343
环境绩效（X₆）	您自己生活幸福感（X₆₁）	72.22	45.27	28.71	0.229	0.627	0.406
	单位工作快乐感（X₆₂）	74.03	46.75	30.02	0.226	0.631	0.509
	单位总体工作氛围（X₆₃）	74.16	51.06	37.38	0.184	0.689	0.397
	单位总体文明素养（X₆₄）	77.68	53.69	39.50	0.183	0.691	0.406
	单位工作场所安全感（X₆₅）	77.03	51.00	35.34	0.203	0.662	0.509
	单位环境文化艺术感（X₆₆）	75.71	47.45	30.07	0.230	0.627	0.397
	均值	75.14	49.20	33.50	0.209	0.654	0.445
总均值		73.50	46.26	29.50	0.229	0.628	0.399

4.基因表现型

M公司是中国现代烘焙坊的代表品牌,优质的甜品、时尚的卡通玩偶、明快的音乐、田园的浪漫情感,不仅深受18—38岁消费者的喜爱,也成为小朋友们的宠儿。焙烤产品、现调饮品、精致糕点已成为现代中国烘焙坊市场的不二之选。在M公司构建的烘焙甜蜜小屋里,每个人都能找到属于自己的甜蜜,M公司怀着美味传中国的信念,在中国调整战略,从"就在你身边"这一关怀理念出发,改变大家对于烘焙、面包、西点的理解和固有思维。这正是M公司事业的起点和精神基因及其力量所在。这种核心基因、核心精神的存在让它成为烘焙行业不甘平庸的一分子,在这个传统行业里迸发出动人的生命力。

(二)企业文化治理的主要成就

1.公司战略得到了员工的深度认同,员工对公司发展前景普遍看好

M公司拥有素质优良、富有团队精神的内部员工,也有着较好的外部声誉。特别是单位前景的文化力量值为80.44,是组织文化质量量表6个维度、26项指标测量值中最高的,而且文化质量指数(CQI)达到0.717,说明员工对本公司的发展远景普遍看好。同时,公司集体努力、个人努力的文化力量值分别为74.62、73.98,较为理想,基本可以反映公司愿景具有较强的感召力,公司战略意图、战略构想得到了较好的落实。

2.公司制度较为规范,管理较为有序,以市场型、层级型为主,同时兼具宗族型、活力型的企业文化已经形成

企业文化测量中,一般将企业文化形态分为宗族型、层级型、市场型和活力型。宗族型文化表现为集体努力、重视过程、上司关心、公平奖罚、平等尊重等;层级型文化表现为公司更重视单位前景,更看重结果、合理报酬和规范一致,公司员工则更重视同事友情;市场型文化激励竞争,善

于容忍错误,重视外部声誉同时更关注竞争有序、个人努力;活力型文化重视内部满意、激励创新、灵活自主,关注员工个人前途,员工一般也更敢说真话。研究表明,这4种文化形态中的任意一种,只要真正做实、做细、做好,对于企业发展都是有利和有效率的。而4种文化形态的测量值较高且处于均衡状态,是企业文化对企业经营业绩贡献最大、最有效的。M公司这4种文化形态的CQ测量值较理想且处于相对均衡状态,总值分别达到了223.17、236.26、233.88、214.25,进入了较为理想的状态,说明已形成一个以层级型为主、市场型为辅同时兼具宗族型、活力型的企业文化。企业文化不仅已经形成,而且对企业经营业绩的贡献正在发挥着良好的作用(见表5.3)。

表5.3　M公司文化形态测量值

变量	宗族型(CQ_1)		层级型(CQ_2)		市场型(CQ_3)		活力型(CQ_4)	
	X_{i1}		X_{i2}		X_{i3}		X_{i4}	
X_{1j}	集体努力	48.27	单位前景	57.68	个人努力	48.76	个人前途	41.33
X_{2j}	重视过程	40.97	看重结果	43.56	竞争有序	44.18	灵活自主	44.05
X_{3j}	上司关心	44.37	同事友情	52.80	外部声誉	51.40	内部满意	45.24
X_{4j}	公平奖罚	42.45	合理报酬	40.36	鼓励竞争	48.35	激励创新	43.75
X_{5j}	平等尊重	47.11	规范一致	41.86	容忍错误	41.19	敢说真话	39.88
均值	44.63		47.25		46.78		42.85	
标准差	3.07		7.58		4.05		2.18	
总值	223.17		236.26		233.88		214.25	

3.拥有相互理解、支持的上下级关系，员工有着较为明确的工作目标与努力方向，公司拥有较为强大的名义文化核心竞争力

M公司的文化质量总均值为46.26（理想区间为[38.2,61.8]），文化核心竞争力总均值为29.50（理想区间为[38.2,61.8]），文化断裂系数总均值为0.229（理想区间为[0.236,0.330]），文化质量指数总均值为0.628（理想区间为[0.382,0.618]），核心竞争力指数总均值为0.399（理想区间为[0.382,0.618]）。同时，在参与问卷调查的180人中，有65人认为公司做得最好的是"明确的工作目标与努力方向"，占总人数的36.11%；有45人认为做得最好的是"相互理解、支持的上下级关系"总人数的25.00%；有38人认为做得最好的是"同事之间的配合、协作"，占总人数的21.11%。总体来看，各项测量值都较为理想，文化质量总值已经进入理想区间，说明公司的各种制度、措施、准则、口号等基本落到实处，公司倡导的一些行为准则、行事理念、行事风格等与员工的期望基本一致，公司具有强大的名义核心竞争力，企业处于成熟期，文化质量周期处于"和"（H）文化态且渐近"纯"（P）文化态，公司员工就对公司现状和各种问题（无论是好的或是不好的）均形成了高度一致的意见，公司文化的重心已经形成。

4.公司拥有良好的工作氛围，拥有一批对公司发展高度负责的员工，员工具有较强的工作快乐感和幸福感

M公司的组织文化质量测量结果中，环境绩效的测量值相对较高，仅次于顾客绩效，为75.14，高于文化力量均值。同时，统计结果显示，参与问卷调查的180名员工中，有96%以上的员工对公司经济和各项事业发展高度关注，表示"希望发展"或"强烈希望发展"；有59%的员工表示"有工作快乐感"，60%的员工"有生活幸福感"。这样良好的工作氛围和凝聚力、向心力是M公司高层管理人员长期努力的结果，也为公司的长远发展奠定了良好的基础。

(三)企业文化治理存在的主要问题

1.企业文化效用总体上存在着"三高三低"现象

M公司6个维度的测量值中,顾客绩效、环境绩效、战略绩效的测量值相对较高,而制度绩效的测量值为71.77,激励绩效为71.51,学习绩效的测量值为71.18,相对较低。这"三高三低"说明,在运营和管理中,公司战略得到了较好落实,拥有较高的顾客(指内、外顾客)满意度和良好的工作氛围、工作环境。但是,公司在制度建设、激励机制的建立和执行以及组织学习的推进等方面存在着较大问题。制度建设方面,在规范一致、有序竞争、灵活自主等方面的测量值均处于均值以下;公司运营管理中,高层管理人员可能过于看重结果,而对于过程则缺乏关注、关心。激励机制方面,在公平奖罚和合理报酬上,员工存在较多看法。在参与问卷调查的180名员工中,约42%的人认为公司在公平奖罚方面做得一般或较差;54%的员工认为合理报酬方面为一般及以下。在6个维度的测量中,学习绩效的测量值最低。这里所说的学习与通常所说的学习是有区别的,可以看成一种学习力,包括组织的凝聚力、传播力、自新力、革新力等。公司在激励创新、容忍错误、员工敢说真话等方面的测量值均较低。特别是敢说真话的文化质量测量值最低,为39.88,是26项指标中最低的,这将极大地阻碍组织学习能力的提升。

2.部门之间的配合、协作存在较大问题,公司内部可能存在着较多的非正式组织

M公司的组织文化质量测量值中,同事友情的文化力量的测量值较高,为79.78,文化质量为52.80,而上司关心的测量值相对较低,文化力量为74.48,文化质量为44.37。同时,公司形成了以层级型为主导的企业文化,公司内部极有可能存在着较多的非正式组织,员工更多地从同事之间获取友谊、支持、鼓励和激励等,从上司那里得到的关心、关爱可能相

对较少。各种非正式组织的存在可能也是公司各部门之间的配合、协作较差的主要原因。在"相对来说,您认为本公司下列哪一项做得最不尽如人意"的调查中,180 名参与调查员工中,有 81 人认为,公司做得最差的是"部门之间的配合、协作",占总人数的 45.00%。根据不同职位对调查数据进行交叉分析的结果显示,57 名参与调查的中层管理人员中有 27 名、103 名普通员工中有 49 名认为部门之间的配合、协作存在较大问题,分别占 47.37%、47.57%。

3. 企业实际文化核心竞争力尚未形成,有利于企业创新发展的文化重心与文化核心存在偏离现象

M 公司的文化核心竞争力指数(CCI)进入了理想区间,即[0.382, 0.618],总均值为 0.399,文化核心竞争力(CCS)总均值为 29.50,未进入理想区间[38.2,61.8]。可以看出,公司具有较为强大的名义文化核心竞争力,而实际文化核心竞争力尚未形成。CQO 测量的 26 项指标中,进入实际文化核心竞争力只有 2 项:单位前景(44.43)、单位总体文明素养(39.50)。

文化核心竞争力也可以看成一个企业的文化软实力。文化软实力可区分为创新力、感召力。其中,创新力体现为企业的革新力、学习力;感召力体现为企业的凝聚力、传播力(或影响力)。从 M 公司的测量结果看,作为衡量名义文化核心竞争力的文化核心竞争力指数(CCI),单位前景、单位总体文明素养、单位总体工作氛围、同事友情、单位工作场所安全感、外部声誉、个人努力、集体努力、鼓励竞争、单位环境文化艺术感、单位工作快乐感、平等尊重、您自己生活幸福感、内部满意等 14 项测量值较高,并进入了理想区间。这些指标基本体现为文化软实力中的凝聚力、传播力,即企业的感召力。而能体现文化软实力中的革新力、学习力等的企业的创新力维度的,如竞争有序、灵活自主、激励创新、上司关心、看重结果、个人前途、公平奖罚、规范一致、合理报酬、容忍错误、重视过程、敢说真话等 12 项指标,无论是文化力量、文化质量还是文化核心竞争力指数,测量值均不高。可见 M 公司非常重视企业凝聚力、传播力、感召力的塑造、培

育,也取得了较好成效,这方面的文化重心已经形成。但是,由于 26 项指标中只有 2 项的测量值进入理想区间,企业文化的核心,特别是有利于企业长远发展和更加规范有序、具有革新力、学习力、创新力的企业文化核心尚未形成(见表5.4)。

表 5.4　M 公司 6 个维度、26 项指标测量值(按 CCS 值降序排列)

变量	文化力量 (CP)	文化质量 (CQ)	文化核心 竞争力(CCS)	文化核心竞争 力指数(CCI)
理想值(区间)	100	[38.2,61.8]	[38.2,61.8]	[0.382,0.618]
单位前景 (X_{11})	80.44	57.68	44.43	0.552
单位总体文明素养 (X_{64})	77.68	53.69	39.50	0.406
单位总体工作氛围 (X_{63})	74.16	51.06	37.38	0.397
同事友情 (X_{32})	79.78	52.80	36.56	0.458
单位工作场所安全感 (X_{65})	77.03	51.00	35.34	0.509
外部声誉 (X_{33})	78.10	51.40	35.30	0.452
个人努力 (X_{14})	73.98	48.76	33.57	0.454
集体努力 (X_{13})	74.62	48.27	32.27	0.432
鼓励竞争 (X_{43})	75.19	48.35	32.02	0.426
单位环境文化艺术感 (X_{66})	75.71	47.45	30.07	0.397

变量	文化力量(CP)	文化质量(CQ)	文化核心竞争力(CCS)	文化核心竞争力指数(CCI)
单位工作快乐感(X_{52})	74.03	46.75	30.02	0.509
平等尊重(X_{51})	75.71	47.11	29.48	0.389
您自己生活幸福感(X_{61})	72.22	45.27	28.71	0.406
内部满意(X_{34})	72.67	45.24	28.35	0.390
竞争有序(X_{23})	71.58	44.18	27.24	0.381
灵活自主(X_{24})	72.13	44.05	26.62	0.369
激励创新(X_{44})	72.85	43.75	25.57	0.351
上司关心(X_{31})	74.48	44.37	25.50	0.342
看重结果(X_{22})	72.60	43.56	25.41	0.350
个人前途(X_{12})	68.18	41.33	24.61	0.361
公平奖罚(X_{41})	71.44	42.45	24.26	0.340
规范一致(X_{52})	70.05	41.86	24.21	0.346
合理报酬(X_{42})	66.55	40.36	24.05	0.361

续表

变量	文化力量（CP）	文化质量（CQ）	文化核心竞争力(CCS)	文化核心竞争力指数(CCI)
容忍错误（X_{53}）	68.74	41.19	23.97	0.349
重视过程（X_{21}）	70.77	40.97	22.09	0.312
敢说真话（X_{54}）	70.22	39.88	20.52	0.292
均值	73.50	46.26	29.50	0.399

4.管理层存在一定程度的官僚主义倾向,员工对个人前途普遍不看好,对容忍错误、合理报酬意见较多

从组织文化质量测量值中可以看出,上司关心的测量值明显低于同事友情。从员工对公司的建议中,也可以发现高层管理人员可能存在着官僚主义倾向,与员工的接触不够多,对基层员工的了解、关心及其意见建议的重视程度可能不够。对个人前途的看法,相对来说,女性员工比男性员工、年轻员工比年老员工、低学历员工比高学历员工、中层管理人员比普通员工,似乎更悲观。这里边有些属于情理之中,但是,在参与调查的 59 名 22 岁及以下的年轻员工中,有 68% 的人对个人前途不看好,这是值得引起公司高层管理人员重视的。中层管理人员中,也有 50% 以上的人对个人前途不看好。在合理报酬方面,中层管理人员认为一般及以下的人数百分比要比普通员工高出许多,这是不合常理的。同时,公司的制度绩效和环境绩效的调查结果表明,员工对公司同事间人际关系、制度落实、部门之间的配合协作等,较为满意,而对相互理解支持的上下级关系、工作快乐感、整体工作氛围等,存在比较大的意见(见表 5.5、表 5.6)。

表 5.5 M公司问卷调查制度绩效相关结果

统计内容	分类项目	样本个数	百分比
公司的各种制度、措施、准则、口号等是否落到实处	完全没有落实	4	2.22%
	没有落实	2	1.11%
	有时候落实	55	30.56%
	基本落实	99	55.00%
	完全落实	18	10.00%
	不知道	2	1.11%
	其他	0	0%
公司提倡的办事原则、做事理念、行事风格等是否与所期望的一致	完全不一致	4	2.22%
	不一致	9	5.00%
	基本不一致	18	10.00%
	基本一致	130	72.22%
	完全一致	17	9.44%
	不知道	1	0.56%
	其他	1	0.56%
公司同事间人际关系如何	很好	55	30.56%
	好	75	41.67%
	一般	47	26.11%
	不好	2	1.10%
	很不好	1	0.56%
	很少交往,感觉不到	0	0%
	不知道	0	0%

续表

统计内容	分类项目	样本个数	百分比
对公司经济和各项事业发展的愿望如何	强烈希望发展	85	47.22%
	希望发展	88	48.89%
	有时希望发展	5	2.78%
	不希望发展	1	0.50%
	完全不希望发展	0	0%
	无所谓	1	0.56%
	其他	0	0%
公司的哪一项做得最好	明确的工作目标与努力方向	14	7.78%
	相互理解支持的上下级关系	25	13.89%
	部门之间的配合、协作	81	45.00%
	同事之间的配合、协作	16	8.89%
	明确的责任分工	15	8.33%
	相对独立自主的空间	29	16.11%
公司的哪一项做得最不尽如人意	明确的工作目标与努力方向	15	8.33%
	相互理解支持的上下级关系	27	15.00%
	部门之间的配合、协作	82	45.56%
	同事之间的配合、协作	13	7.22%
	明确的责任分工	14	7.78%
	相对独立自主的空间	29	16.11%

表 5.6 M 公司问卷调查环境绩效相关结果

统计内容	分类项目	样本个数	百分比
生活幸福感	很不满意	2	1.10%
	不满意	12	6.67%
	一般	59	32.78%
	满意	88	48.89%
	很满意	19	10.56%
工作快乐感	很不满意	1	0.56%
	不满意	9	5.00%
	一般	64	35.56%
	满意	74	40.10%
	很满意	32	17.78%
工作氛围	很不满意	0	0%
	不满意	3	1.67%
	一般	69	38.33%
	满意	86	47.78%
	很满意	22	12.22%
文明素养	很不满意	0	0%
	不满意	2	1.10%
	一般	46	25.56%
	满意	100	55.56%
	很满意	32	17.78%

续表

统计内容	分类项目	样本个数	百分比
工作场所安全感	很不满意	1	0.56%
	不满意	5	2.78%
	一般	49	27.22%
	满意	90	50.00%
	很满意	35	19.44%
环境文化艺术感	很不满意	2	1.10%
	不满意	7	3.89%
	一般	59	32.78%
	满意	71	39.44%
	很满意	41	22.78%

三、企业文化效用指标分析

企业文化效用指标分析包括对文化的力量与质量、文化核心竞争力、文化断裂程度、文化的重心与核心等企业文化的流变性状进行综合考量,并根据相应指标测量值,对其文化质量周期和组织生命周期等做出判断,旨在为该公司建设高质量的、有机互动的、和合共赢的企业文化,提升组织效率和员工效率,推进企业文化管理等,提供决策参考和量化依据。

（一）文化的力量与质量

文化机体在实时的流动、变迁中，将有可能出现这样四种情形：第一，文化质量①高而文化力量弱。这时，文化质量测量值必然低。文化测量中，这种情形一旦出现，说明文化机体具有较为强大的名义文化核心竞争力，如能加以正面引导和激发，有可能使其向着实际文化核心竞争力转化。第二，文化质量低而文化力量强大。这时，文化质量测量值一般也低。这种情形的出现，说明文化断裂程度很高，这时文化力量越是强大，内部价值观和意见分歧就越大，越有可能陷入文化危机。第三，文化质量低且文化力量弱。这时，文化质量测量值非常低。这种情形中，不仅文化断裂程度高，而且基本丧失文化活力，基本没有文化功能和效用、效应可言。第四，文化质量高且文化力量亦强。这时，文化质量测量值一定高。显然，这种情形是文化机体最佳、最优、最适的运行状态。

就 M 公司来说，其 26 项指标文化质量测量值的统计结果表明，随着文化力量测量值的增大，文化质量测量值出现了较大幅度的波动，但总体上随着文化质量的提升，文化力量亦随之增强。这说明：第一，组织及其全体成员在价值观上能达成共识或一致意见的问题基本上都能够得到组织的重视，并因此较容易得到解决，而其文化力量值也就比较高。也就是说，富有名义文化核心竞争力的组织问题将较有可能得到有效解决，进而使得名义文化核心竞争力向着实际文化核心竞争力转化。第二，随着文化力量的增强，文化质量出现较大幅波动，可以很好地证明文化力量的双重性和文化质量的偏至性两大理论预设。文化力量强大，文化质量未必高；文化质优（指文化质量高），其实际的文化力量未必强大。第三，文化质量（CQ）、文化质量指数（CQI）同频率的波动，还可以证明员工在问卷调查时，赋值评分是负责任的，公司真正做得好的方面，一般会被一致地

① 用以反映文化的质而非量。测量值高表明其文化质优，然其量未必大。一般来说，所谓文化质量，必须结合量与质，才能准确判断。

赋以高分值,相反,则会赋以低分值。

M 公司组织文化质量的 26 项指标可分以下几种。

文化质量高而文化力量弱小的指标。个人努力,CP＝73.98,CQ＝48.76,CQI＝0.66;总体工作氛围,CP＝74.16,CQ＝51.06,CQI＝0.69;总体文明素养,CP＝77.68,CQ＝53.69,CQI＝0.69;看重结果,CP＝72.60,CQ＝43.56,CQI＝0.60;等等。在这些指标的左右形成了一个高点,相对来说,这些指标表现为文化力量较弱而文化质量高,可以说明,员工对这些问题的认识是高度一致的,都认为公司在这些方面需要进一步加强。由于文化质量指数高,有着强大的名义文化核心竞争力,因此,公司应该充分重视这方面的问题,加强这方面的规范,使其名义文化核心竞争力向实际文化核心竞争力转化。

文化质量较低且文化力量亦弱或较弱的指标。集体努力,CP＝69,CQI＝0.48,CQ＝33;上司关心,CP＝67,CQI＝0.45,CQ＝30;敢说真话,CP＝67,CQI＝0.45,CQ＝30;内部满意,CP＝66,CQI＝0.46,CQ＝30;鼓励竞争,CP＝66,CQI＝0.44,CQ＝29。这一类指标文化力量较弱且文化质量较低,而文化质量指数较高,说明对这一类问题,员工已经达成了共识,普遍认为这些方面存在着较大问题。

文化质量较低而文化力量较强的指标。敢说真话,CP＝70.22,CQ＝39.88,CQI＝0.57;激励创新,CP＝72.85,CQ＝43.75,CQI＝0.60;工作快乐感 CP＝74.03,CQ＝46.75,CQI＝0.63;重视过程,CP＝70.77,CQ＝40.97,CQI＝00.58。这一类指标文化力量即使强大,也是比较"空洞"的,其文化核心竞争力(CCS)一般很弱。

文化质量指数高且文化力量亦强或较强的指标。单位前景,CP＝80.44,CQI＝0.72,CQ＝57.68;同事友情,CP＝79.78,CQI＝0.66,CQ＝52.80;外部声誉,CP＝78.10,CQI＝0.66,CQ＝51.40,CCI＝0.24。一般来说,这一类指标都是非常优质的指标,其文化核心竞争力较为强大,上述各项指标的文化核心竞争力(CCS)分别达到了 44.43、36.56、35.30。

（二）文化质量预警系数

任何一个文化机体在流动、迁变过程中,其文化断裂系数(CV)有两个临界值,0.280 和 0.414。当小于等于前一临界值时,就开始进入"纯"(P)文化态,并极有可能出现"成功的陷阱"或"反学习";当大于后一个临界值时,则开始进入"超"(S)文化态,必将陷入"文化断裂",极有可能出现文化危机。这里必须注意三点:一是当个别指标而非组织层面整体进入"纯"(P)文化态时,通常不会出现组织层面的"成功的陷阱"或"反学习",因为个别指标文化质量高,对于整个组织来说,不会产生太大的影响,只是说明组织成员对这类指标达成了共识和高度一致意见。二是无论是组织层面还是个别指标进入"纯"(P)文化态,都要区分其文化力量的大小。一般来说,如果其文化力量强大而进入"纯"(P)文化态,说明其文化核心竞争力非常强大,对于其中个别的指标来说,反而是非常理想的,而对于组织整体来说,通常情形也是理想的,只是需要警惕组织"反学习"以及"成功的陷阱"等状态的出现。三是凡进入"超"(S)文化态的指标,不论文化力量强大还是弱小,不论个别指标还是组织整体性指标都已经处于高度的"文化断裂"状态。而且,文化力量越是强大,说明组织文化断裂和分裂程度越高,越有可能陷入文化危机。

从 M 公司的 26 项指标测量值来看,全部指标均进入了"纯"(P)文化态。这在我们展开的测量中未曾遇到过。M 公司的测量结果说明,公司员工对测量指标中涉及的所有问题,均形成高度一致的看法,因而,公司具有较为强大的名义文化核心竞争力。M 公司下一步的关键在于采取有效措施,使这种名义文化核心竞争力转化为实际文化核心竞争力。

此外,从 M 公司的 26 项指标测量值来看,只有公平奖罚(CP=62,CQI=0.35,CCI=-0.13)、激励创新(CP=61,CQI=0.35,CCI=-0.05)、重视过程(CP=66,CQI=0.41,CCI=0)3 项指标,越过了文化质量上限预警线,即文化断裂系数(CV)≥0.414,占 26 项指标总量的 11.54%。

有 7 项指标越过了文化质量下限预警线,即自己生活幸福感(CP=

69,CQI＝0.56)、单位总体文明素养(CP＝63,CQI＝0.57)、单位总体工作氛围(CP＝65,CQI＝0.59)、单位前景(CP＝70,CQI＝0.59,CCI＝0.33)、个人努力(CP＝76,CQI＝0.60,CCI＝0.36)、同事友情(CP＝73,CQI＝0.59,CCI＝0.33)、单位工作场所安全感(CP＝67,CQI＝0.64),占26项指标总量的26.92%,由于是个别指标进入"纯"(P)文化态,因而,这些指标基本上属于理想或者是较为理想的。

(三)文化的基因、重心与核心

这里所说的文化的基因,也可以指文化形态发生、发展和繁荣的出发点,即每一种文化规则系统所依赖的基本点。任何一种文化形态在其外在制度(显规则)和内在制度(潜规则)互动的最初始,都有一个基因。[①] 文化的基因就如生命科学中的基因,正因为生命科学发现了基因的活动原理,才使我们有重新设计生命的可能。找到了文化的基因,意味着不仅能够理解所有与文化相关联的生活方式、行动方式、思维模式,以及理解事物的方式等,而且,也很有可能对任一文化时空中呈现着的文化实体进行重组或重构,以及必要时的整合和提升。[②] 所谓文化的重心,是一个文化实体内,长期处于迁变、演化过程中的各种支流文化、亚文化在互动中形成的一种主流价值趋向。文化的核心则是一种文化核心精神的凝固,并且可能进而积淀成为文化基因,而其在各种文化的冲击中,又可能出现一个处于动荡、流变之中的重心。

当 CV≤0.280,CQI≥0.560 ,CCI≥0.280时,组织文化进入"纯"(P)文化态。这意味着组织文化内在制度的能量或力量超过或者大大超过了外在制度的能量或力量,文化质量指数超过了文化断裂系数的两倍。因而,这一部分文化潜规则的凝聚力量非常强大,可以认为已经沉淀凝聚成

[①] 吴福平.文化全面质量管理——从机械人到生态和谐人[M].北京:中国社会科学出版社,2006:144.

[②] 吴福平.与霍金对话——中国自然哲学之于新宇宙学[M].北京:中国社会科学出版社,2006:3.

为组织文化的核心。如果其文化力量非常强大，文化质量高，则可以认为是组织文化优质的文化核心；相反，如果文化力量弱小，文化质量低，则可以认为是组织文化劣质的文化核心。文化核心的特点在于，因为一般具有较为强大的名义或者是实际的文化核心竞争力，对优质的文化核心一般应该继续予以不断强化，而对于劣质的文化核心，则必须加以引导和激发，努力使名义核心竞争力向着实际核心竞争力转化。

就 M 公司来说，26 项指标全部进入了"纯"（P）文化态（见表 5.7）。其中文化力量（CP）达到 75 以上的指标，均可以认为是 M 公司优质的企业文化的核心，经过长期积淀，则可能成为企业的优质文化基因。CP 在 70 分以下的，如合理报酬、个人前途、容忍错误、重视过程等，则均可以认为是公司的劣质文化核心，经过长期积淀，可能成为企业的劣质文化基因。从这几项指标还可以看出，M 公司员工较一致地认为公司具有较好的发展前景，而公司的组织效率和员工效率主要来自个人努力，公司内部的凝聚力量则更多地来自同事友情，而不是全来自组织行为的有效性等。

当 $0.280 < CV < 0.414$，$0.560 < CQI < 0.414$ 时，文化机体进入了"和"（H）与"合"（I）文化态，外在制度与内在制度的能量或力量均占文化机体总能量一半左右，此时，文化内在制度与外在制度互动最为活跃，尚未"凝固"定型。这部分指标的文化核心竞争力指数（CCI）>0，也就是说具有一定的核心竞争力。处于文化重心部分的指标，其特点在于，由于既有可能进入"纯"（P）文化态，亦有可能因向着"超"（S）文化态迁变而陷入文化危机，因而，文化重心的流变趋向是不确定的。所以，文化测量中，对于这一部分的指标，需要加以高度关注。从 M 公司的测量结果看，没有出现这一类指标（见表 5.7）。当然，由于其文化力量（CP）总体不算很理想，所以也可以将文化核心的指标均认定为尚处于流变中的文化重心。

表 5.7　M公司文化基因、重心和核心测量结果

变量	文化力量(CP)	文化质量(CQ)	文化断裂系数(CV)	文化质量指数(CQI)	文化核心竞争力指数(CCI)	文化形态	文化流变性状
单位前景(X_{12})	80.44	57.68	0.165	0.717	0.552	"纯"(P)文化态(CV≤0.280)	文化核心(优质文化基因)
总体文明素养(X_{32})	77.68	53.69	0.183	0.691	0.509		
总体工作氛围(X_{13})	74.16	51.06	0.184	0.689	0.504		
工作场所安全感(X_{22})	77.03	51.00	0.203	0.662	0.459		
同事友情(X_{33})	79.78	52.80	0.204	0.662	0.458		
个人努力(X_{62})	73.98	48.76	0.205	0.579	0.454		
外部声誉(X_{64})	78.10	51.40	0.206	0.658	0.452		
集体努力(X_{63})	74.62	48.27	0.214	0.647	0.432	"和"(H)文化态(0.280<CV≤0.330)	文化重心
鼓励竞争(X_{65})	75.19	48.35	0.217	0.643	0.426		
工作快乐感(X_{34})	74.03	46.75	0.226	0.631	0.406		
生活幸福感(X_{11})	72.22	45.27	0.229	0.627	0.398		
工作环境文化艺术感(X_{43})	75.71	44.18	0.230	0.627	0.397		
内部满意(X_{53})	72.67	45.24	0.233	0.623	0.390	"合"(I)文化态(0.330<CV≤0.414)	
平等尊重(X_{24})	75.71	47.11	0.233	0.622	0.389		
竞争有序(X_{61})	71.58	44.18	0.237	0.617	0.381		
灵活自主(X_{42})	72.13	44.05	0.242	0.611	0.369		
合理报酬(X_{54})	66.55	40.36	0.245	0.606	0.361		
个人前途(X_{66})	68.18	41.33	0.245	0.606	0.361		
激励创新(X_{21})	72.85	43.75	0.250	0.601	0.351		
看重结果(X_{23})	72.60	47.45	0.250	0.600	0.350		
容忍错误(X_{31})	68.74	41.19	0.251	0.599	0.349		
规范一致(X_{14})	70.05	41.86	0.252	0.598	0.346		
上司关心(X_{52})	74.48	44.37	0.253	0.596	0.342		
公平奖罚(X_{51})	71.44	42.45	0.255	0.594	0.340	"超"(S)文化态(CV>0.414)	劣质文化基因
重视过程(X_{44})	68.74	40.97	0.267	0.579	0.312		
敢说真话(X_{41})	70.22	39.88	0.276	0.568	0.292		
均值	73.50	46.26	0.229	0.628	0.399	—	—

当 CV≥0.410,CQI≤0.414,CCI≤0 时,文化处于高度断裂状态,文化机体的外在制度的能量和力量超过甚至是大大超过其内在制度的能量或力量,外在制度控制了整个文化机体,且得不到组织成员的相互认同,因而,组织极有可能陷入文化危机。这一部分指标可以认为正是劣质文化的基因,极有可能是整个组织文化力量弱或文化质量低劣的最直接原因。从 M 公司的测量值看,也可以将合理报酬、个人前途、容忍错误、重视过程等看成公司的劣质文化基因。也因此,就该公司来说,需要在这些方面认真查找原因。当然,必须注意的是,作为组织文化基因的确定是相对的。可以说,每一个文化质量测量值低的指标,都是一个组织劣质的文化基因;相反,文化质量测量值高的指标,都是一个组织优质的文化基因,如组织优质的文化核心就是优质的文化基因。因为处于上限文化质量预警线的指标,一般来说,最有可能是组织劣质的根源,因而,我们只是将这一部分指标作为文化基因来讨论,且在组织文化质量测量指标中,一般也只寻找这种劣质的文化基因。

(四)组织生命周期与文化质量周期

前文已经指出,M 公司已基本达至"和"(H)文化态。由于文化力量较强而文化质量亦较高,可以认为其组织生命周期处于成熟期。一般来说,这一时期的主要特点是:组织规模不断扩大,部门岗位设置不断细化和规范化,组织层级越来越多,规章制度不断健全,组织稳定性不断增强,组织结构弹性减小,人员效率和组织效率较高;由于接近成熟期,组织及其成员所拥有的内在制度与外在制度已经过有机的互动、交融与和合,各种价值观相互间的冲突和断裂程度减弱或者是明显减弱,可以认为其企业文化已经形成。如前所述,M 公司已形成了一个以层级型为主、市场型为辅同时兼具宗族型、活力型的企业文化。在奎因和卡梅隆在对组织文化形态的研究中,发现每种文化形态处于理想状态时,组织效率都可以很高。然而,必须指出的是,组织未必可以仅仅以效率为最高目的或终极目的。在当代组织理论里,如彼得·圣吉等就提出了建立更适合人性的组织的新型组织理想。因而,可以认为,本质上,一个理想的组织,或许所谓的宗族型、活力型、层级型和市场型这 4 个维度的文化效用价值应当基本达到均衡状态。从这个角度看,M 公司的企业文化基本达到了这种理想状态。

四、组织文化质量测量结果的统计分析

组织 CQ 量表通过企业文化的战略绩效、制度绩效、顾客绩效、激励绩效、学习绩效、环境绩效等 6 个维度、26 项二级指标,来测量组织文化的功能和效用,因而,很有必要来分析这 6 个维度、26 个指标值的单项值及相互之间的关系等所体现出来的组织文化意义。下文将根据文化质量预警系数,结合 M 公司员工对各测量指标的赋值情况,来分析该公司各个维度的指标值,以进一步揭示其组织文化的流变和运行状况。

(一)战略绩效

组织文化质量量表用集体努力和个人努力、单位前景和个人前途等具有对立性质的指标来测量组织文化的战略效用价值的理由在于:

第一,组织战略意图和战略使命及其在实施过程中是倡导集体努力,还是更为主张个人努力,是更加关注单位前景,还是更加重视员工的个人前途,体现的正是类似于奎因和卡梅隆在建立组织文化评价量表时,所强调的与组织文化提高组织效率、人员效率密切相关的组织成功标准、领导风格和主导文化等指标。

第二,组织战略及其在实施过程中,既然是否真正能够鼓舞人心,是否给员工提供了值得追求的目标等是至关重要的,对于组织培育形成"突现应对战略"的能力和"有效的战略使命"等亦极为关键,那么,集体努力和个人努力、单位前景和个人前途等有着对立性质的指标,因为能够较为准确地测出组织内集体或者个人是否愿意努力,是否感觉到前景光明,进

而可以较准确地测量组织战略、组织的主导文化等及其效用价值。

第三,真正有价值的战略往往来自组织深处。

归结前述三点,我们用这样 4 个二级指标,即集体努力和个人努力、单位前景和个人前途,就可以基本测定组织文化的战略效用价值。显然,如果组织战略真正能够鼓舞人心,而且给员工提供了值得追求的目标,那么这 4 个测量值都会很高。

就 M 公司来说,战略绩效的文化力量、文化质量、文化核心竞争力分别为 74.30、49.01、33.72,均进入了理想值(区间)(见表5.8)。因而,尽管文化质量指数和文化核心竞争力指数也均进入了理想值(区间),由于该公司战略绩效的文化力量和文化质量的测量值相对较高,文化核心竞争力已经初步形成,其战略绩效主要来自集体努力和单位前景,而非个人前途,这说明该公司具有较强的凝聚力。然而,员工对个人前途不看好,说明其战略并非来自组织深处,因而,还需要正确处理好单位前景和个人前途的关系。

表 5.8　M 公司战略绩效 4 个二级指标测量值

变量		文化力量(CP)	文化质量(CQ)	文化核心竞争力(CCS)	文化断裂系数(CV)	文化质量指数(CQI)	文化核心竞争力指数(CCI)
理想值(区间)		100	[38.2, 61.8]	[38.2, 61.8]	[0.236, 0.330]	[0.382, 0.618]	[0.382, 0.618]
战略绩效(X_1)	单位前景(X_{11})	80.44	57.68	44.43	0.165	0.717	0.552
	个人前途(X_{12})	68.18	41.33	24.61	0.245	0.606	0.361
	集体努力(X_{13})	74.62	48.27	32.27	0.214	0.647	0.432
	个人努力(X_{14})	73.98	48.76	33.57	0.205	0.659	0.454
	均值	74.30	49.01	33.72	0.207	0.657	0.449

(二)制度绩效

组织文化质量量表将制度绩效作为独立的维度来加以测量,并以看重结果和重视过程、竞争有序和灵活自主4个二级指标,来测定组织制度建设及其及管理风格等与组织文化互动的绩效——制度绩效。

组织文化质量量表将看重结果和重视过程2项指标作为衡量管理绩效的重要方面,理由在于,看重结果和重视过程体现着不同的管理思想与管理方式。虽然不同的行业、不同的组织、同一组织内部不同的职能部门,在有效的日常制度工作中,是需要看重结果还是应该重视过程,可以视具体情形区别对待、酌情处理,但是,对于高质量的、健康的、富有凝聚力和向心力且个性化的组织文化塑造来说,无论是过多地或者固执地偏向于哪一方,都是不可取的。正如管理学家西蒙所指出的,在管理学上好些管理原则都是成对出现的,不可能有一个绝对正确的、放诸四海而皆准的管理模式、管理手段。[①] 因此,总的来说,理想的做法应当是,既看重结果,又重视过程。也只有这样,才能提高组织和管理绩效。

至于竞争有序和灵活自主这2项指标,之所以不用规范有序而用竞争有序来测量管理绩效,是因为考虑到当今时代的超级竞争环境,对于任何一个组织来说,竞争有序可能比规范有序更重要,且有序中亦蕴含着规范的意思。总体来看,这4个二级指标与奎因和卡梅隆的组织文化评价量表界定的4种文化形态的内涵基本一致。

就M公司的制度绩效来说,4个二级指标的测量值相对较低,因而制度绩效总体尚不理想。具体来说:在看重结果与重视过程之间,前者偏多,而后者存在不足;文化核心竞争力均未形成,文化质量均不高,且2个指标值均处于"纯"文化态,员工看法高度一致。公司在制度建设和管理过程中,在看重结果与重视过程之间,需要做出认真的权衡。就竞争有序与灵活自主这2项指标来看,文化核心竞争力亦均未形成,文化质量均不

---

① 西蒙.管理行为[M].4版.詹正茂,译.北京:机械工业出版社,2004:27-38.

高。4项二级指标均具有强大的名义文化核心竞争力,处于"和"文化态,如能加以有效的引导和激发,有向着实际文化核心竞争力转化的趋势(见表5.9)。

表 5.9　M 公司制度绩效 4 个二级指标测量值

变量		文化力量（CP）	文化质量（CQ）	文化核心竞争力（CCS）	文化断裂系数（CV）	文化质量指数（CQI）	文化核心竞争力指数（CCI）
理想值（区间）		100	[38.2, 61.8]	[38.2, 61.8]	[0.236, 0.330]	[0.382, 0.618]	[0.382, 0.618]
制度绩效（X_2）	重视过程（X_{21}）	70.77	40.97	22.09	0.267	0.579	0.312
	看重结果（X_{22}）	72.60	43.56	25.41	0.250	0.600	0.350
	竞争有序（X_{23}）	71.58	44.18	27.24	0.237	0.617	0.381
	灵活自主（X_{24}）	72.13	44.05	26.62	0.242	0.611	0.369
	均值	71.77	43.19	25.34	0.249	0.602	0.352

(三)顾客绩效

当代的管理相关学科一般将顾客分为两类。一类是外部顾客。除了通常所说的顾客外,还将供应商、政府组织、特殊利益集团、银行、贸易联盟、行业协会,等等,也当成外部的特殊顾客来对待。因为这些外部顾客很多时候也能直接决定一个组织的生死成败。另一类是内部顾客,主要是指组织内部成员,还包括内部股东、内设工会、内部可能潜在的非正式组织,等等。管理者只有对顾客概念进行这样的理解,才能在日常的管理和运营中,有的放矢地去管理和经营好自己所面对的形形色色的顾客。这是一个"大顾客"的概念。然而,不论我们对顾客概念做如何"大"的拓展,有一点必须引起重视,那就是:只有满意的内部顾客,才能提供满意的外部服务[①];也就是说,提高内部顾客的满意度,是提高外部顾客满意度的前提和基础。

从上司关心和同事友情、内部满意和外部声誉 4 个维度对顾客绩效进行测评,正是基于对当代顾客概念做上述全新的理解和界定。内部满意是指各种内部顾客的满意度。除了通常意义上所说的顾客满意外,外部声誉还涉及前述供应商、各级政府组织、特殊利益集团等外部顾客的满意度。本书采用外部声誉来测评顾客绩效,也正是基于对顾客概念的全新理解。外部声誉是外部各种各样、方方面面顾客满意度的最直接、最有效的反映。同时,组织文化质量量表让组织成员对组织的外部声誉进行评价,则是因为,组织成员特别是基层员工直接从事生产和服务的各个方面、各个环节的工作,对于方方面面、形形色色的外部顾客对企业的种种评价,可能听到得更多,也更真实。总之,服务于形形色色、方方面面的内、外顾客的组织,必须既要有上司关心,亦需要同事友情;必须既重视内部满意,也重视外部声誉。只有这样,才能在当代这个顾客导向的越级竞争的环境中立于不败之地。

就 M 公司来说,4 项二级指标中,同事友情的文化质量指数与文化核心竞争力指数均进入了理想区间,并且文化力量值也较高,说明员工对这项指标形成了高度一致的意见,公司具有较强的实际文化核心竞争力。然而,由于上司关心这一维度的文化核心竞争力未进入理想值(区间),可以认为公司的凝聚力、向心力更多来自员工而非来自领导层。这 2 个指标值的差异还说明,M 公司很有可能存在着非正式组织,同时,公司领导层需要在上司关心方面做出努力(见表 5.10)。

就外部声誉与内部满意这 2 项指标的测量值看,外部声誉的文化核心竞争力明显高于内部满意,然而,两者的实际文化核心竞争力均未形成,需要进一步的激发、引导。对比这 2 项指标,外部声誉文化质量高而内部满意文化质量低,基本可以说明,员工在评价赋值时是实事求是的。因为,一般来说,感觉到内部满意程度低的员工,很可能对外部声誉漠不

---

① 林登.无缝隙政府[M].汪大海,吴群芳,译.北京:中国人民大学出版社,2002:6.

关心,甚至持否定态度。

表 5.10　M 公司顾客绩效 4 个二级指标测量值

变量		文化力量(CP)	文化质量(CQ)	文化核心竞争力(CCS)	文化断裂系数(CV)	文化质量指数(CQI)	文化核心竞争力指数(CCI)
理想值(区间)		100	[38.2, 61.8]	[38.2, 61.8]	[0.236, 0.330]	[0.382, 0.618]	[0.382, 0.618]
顾客绩效(X_3)	上司关心(X_{31})	74.48	44.37	25.50	0.253	0.596	0.342
	同事友情(X_{32})	79.78	52.80	36.56	0.204	0.662	0.458
	外部声誉(X_{33})	78.10	51.40	35.30	0.206	0.658	0.452
	内部满意(X_{34})	72.67	45.24	28.35	0.233	0.623	0.390
	均值	76.26	48.45	31.43	0.224	0.635	0.410

（四）激励绩效

激励理论是对于如何满足人的各种需要、调动人的积极性的原则和方法的概括总结。因为在市场经济年代,任何一个组织,无论采取多少自认为有效、有力的激励措施,无论把组织里的人假设为"经济人",抑或是"理性人""社会人""系统人""文化人",等等,都不可否认,各类组织尤其是营利性组织的财务绩效毕竟是组织的生命线。也因此,在激励绩效中特别需要突出财务绩效这一组织的命脉和源头活水,财务绩效的高低又特别需要关注其公平性和合理性,这是受社会比较理论和公平理论的启迪。因而,本书在激励绩效中强调了财务绩效,同时,对财务绩效的测评,主要从公平奖罚、合理报酬展开。激励竞争、鼓励创新这 2 个维度,则是考虑到包括工资报酬和奖金福利等薪金制度在内的组织激励机制及各项制度,最终目的是营造组织的核心竞争力和创新力。在今天这个超级竞争的时代,这是任何管理理论以及处于高度竞争中的组织都需要强化的。

总体来看,这4项指标,前2项侧重于组织激励机制和财务制度层面的考核,后2项则侧重于激励导向及其效用上的考量。

就M公司来说,其激励绩效总体的文化核心竞争力为26.48,是需要特别关注的维度。公平奖罚、合理报酬与激励创新3项指标的文化核心竞争力均特别低,但是这4项指标的文化质量指数都很高,说明员工形成了高度一致的意见,对这些问题的存在已经达成了共识(见表5.11)。因而,解决这些问题也就成了M公司当前最迫切的任务。

表5.11 M公司激励绩效4个二级指标测量值

变量		文化力量(CP)	文化质量(CQ)	文化核心竞争力(CCS)	文化断裂系数(CV)	文化质量指数(CQI)	文化核心竞争力指数(CCI)
理想值(区间)		100	[38.2, 61.8]	[38.2, 61.8]	[0.236, 0.330]	[0.382, 0.618]	[0.382, 0.618]
激励绩效(X_4)	公平奖罚(X_{41})	71.44	42.45	24.26	0.255	0.594	0.340
	合理报酬(X_{42})	66.55	40.36	24.05	0.245	0.606	0.361
	鼓励竞争(X_{43})	75.19	48.35	32.02	0.217	0.643	0.426
	激励创新(X_{44})	72.85	43.75	25.57	0.250	0.601	0.351
	均值	71.51	43.73	26.48	0.243	0.611	0.369

(五)学习绩效

前文曾阐述过,组织学习这一概念和企业文化概念一样,在中国企业界一直被误读、误解。目前,人们一提起企业文化,就想到唱歌、跳舞、搞文艺活动等;一谈到学习,就想着请培训师、搞企业培训。唱歌、跳舞、搞文艺活动,请培训师、搞企业培训,当然都是必要和必需的;但是,如果未能真正理解并触及学习和文化的核心,那么,所有的活动、所有的培训,很可能都会徒劳无功。

一般来说,企业文化可以分为核心层、中间层、外围层。核心层主要是指企业长期积累并在企业的日常运营中呈现、体现出来的那一股氛围,那一股精神,那一种行事方式、思想习惯、思维模式,等等。这是最核心层面的东西,也是最主要、最关键,有时候也是最致命的东西。企业文化的核心,对企业的战略管理、团队运营、财务绩效、组织学习、环境艺术等,都将产生决定性的影响,因而关乎企业的兴衰成败,并在最关键时期发挥最关键的作用。这些显然并非唱几首歌、搞几个活动、搞几次培训就能够奏效和完成的。这些活动和培训等,只能算是企业文化的外围层,至多是中间层的东西。组织学习是企业文化核心层中最核心层面的东西。企业作为一种社会组织,开展有效的学习,至关重要。所谓的学习,本质上就是要向企业、向员工自己挑战,也就是要向企业长期累积起来的那一类工作氛围,那一股精神(优质的或者是劣质的),那一种行事方式、思想习惯、思维模式发起挑战。敢不敢干、善不善于向自己挑战,是企业组织学习的核心精神。企业学习对于企业更高效地、更高质量地、更富有创造力地开展日常运营和管理工作,起着关键作用,有时直接关乎企业的存亡兴衰。为了让企业在日常经营管理中,能够和善于学习,敢于挑战从企业高层管理者到一般员工等各个层面的"自我",企业既要倡导规范一致,也要提倡平等尊重,同时需要容忍错误,并让员工敢说真话。组织文化质量量表正是基于对企业文化的这种认识,试图从上述 4 个维度,直入企业文化的核心层,展开分析研究和测评。

M 公司学习绩效的文化力量、文化质量及文化核心竞争力是 6 个维度中最低的(见表 5.12)。根据文化预警系数理论可以推导出,文化质量指数高而文化质量低的指标,需要引起高度重视。同时,由于它具有较强的名义文化核心竞争力,因而,它是既亟须进行改善,又容易得到改善的指标,因为名义文化核心竞争力强,只要加以激发,将有可能向着实际核心竞争力转化。就 M 公司来说,学习绩效中,敢说真话的文化质量最低,是亟须改进也是容易改进的指标,说明在该公司敢说真话的文化氛围基本没有形成,而原因恰恰在于容忍错误的氛围未能有意识地加以营造。

表 5.12 M 公司学习绩效 4 个二级指标测量值

变量		文化力量(CP)	文化质量(CQ)	文化核心竞争力(CCS)	文化断裂系数(CV)	文化质量指数(CQI)	文化核心竞争力指数(CCI)
理想值(区间)		100	[38.2, 61.8]	[38.2, 61.8]	[0.236, 0.330]	[0.382, 0.618]	[0.382, 0.618]
学习绩效(X_5)	平等尊重(X_{51})	75.71	47.11	29.48	0.233	0.622	0.389
	规范一致(X_{52})	70.05	41.86	24.21	0.252	0.598	0.346
	容忍错误(X_{53})	68.74	41.19	23.97	0.251	0.599	0.349
	敢说真话(X_{54})	70.22	39.88	20.52	0.276	0.568	0.292
	均值	71.18	42.51	24.55	0.252	0.597	0.343

(六)环境绩效

良好的组织人文和物理环境可以塑造人,进而塑造优良的组织氛围,乃至组织文化,甚至组织的核心价值观等;组织文化特别是其主导文化,亦将在人们可以触及的组织任何现象和环境里得以呈现或者隐现。于是,组织文化建设理应确立新的文化发展观,即"把人自身作为一个文化产品来生产,并通过人把人类世界当作文化产品来生产"①的大胸襟。前文曾指出,文化管理应该克服"以人为中心"的偏执,而完全可以自豪和自信地高扬"以天、地、人为中心"的中国旗帜,进而完全可以在关于管理的人性上提出"天地人"假设,而文化管理则理应以实现包括"大自然效用价值"(可包括纯自然和生态以及人为、人造环境等效用价值)和"大社会效用价值"(可包括经济、政治、社会、人文环境等效用价值)等在内的文化的"天地人"效用价值为最高目标。

---

① 中国社会科学院哲学所"浙江经验与中国发展研究"课题组.科学发展观与新文化观[J].哲学研究,2006(5):122-125.

　　本书确立的组织文化的环境绩效测量维度包含组织物理环境和人文环境两大方面,并从生活幸福感、工作快乐感等组织成员个体层面,以及总体工作氛围、总体文明素养、工作场所安全感、环境文化艺术含量等组织整体层面的6项指标展开测评,基本涉及了组织及其成员生产、生活环境的方方面面。与具有代表性文化测量量表对比,丹尼森等的组织文化调查问卷强调愿景、战略导向和意图、目标等使命,以及一致性中的核心价值观等,霍夫斯泰德的多维度组织文化模型涉及员工导向以及对安全的需要等,郑伯壎的组织文化价值观量表提到了科学求真、甘苦与共、团队精神、正直诚心、社会责任、敦亲睦邻等。这些既有的量表认为对组织绩效会产生决定性影响的文化特质,即环境绩效测量的6项指标,在本书的量表中都得到了较好的反映。这是从彼得·圣吉关于建立更适合人性的组织模式的角度考虑,也是希望包括企业文化在内的组织文化建设能切实确立起"新文化观"。这里还需要说明的是,之所以将员工个人的生活幸福感也列入组织的环境绩效中加以考察,一方面是因为员工的个人生活幸福感将与组织的工作环境、人际关系、工作效率等产生相互作用,这是不容置疑的;另一方面,是因为由无论工作环境还是个人私生活所致,一个组织如果有太多的员工生活幸福感不强,一些企业的悲剧就会重演。

　　就M公司来说,环境绩效总体测量值相对较高,特别值得关注的是4项指标的文化质量指数均值达到了0.657,处于"和"文化态;这说明M公司的工作环境,无论是人文环境还是物理环境,都是比较理想的。但需要引起重视的是,4项指标中只有单位总体文明素养形成了较强的文化核心竞争力,其余几项均未形成,而自己生活幸福感在4项指标中均相对较低,还需要加强(见表5.13)。

表 5.13　M 公司环境绩效 4 个二级指标测量值

变量		文化力量(CP)	文化质量(CQ)	文化核心竞争力(CCS)	文化断裂系数(CV)	文化质量指数(CQI)	文化核心竞争力指数(CCI)
理想值(区间)		100	[38.2, 61.8]	[38.2, 61.8]	[0.236, 0.330]	[0.382, 0.618]	[0.382, 0.618]
环境绩效(X_6)	您自己生活幸福感(X_{61})	72.22	45.27	28.71	0.229	0.627	0.406
	单位工作快乐感(X_{62})	74.03	46.75	30.02	0.226	0.631	0.509
	单位总体工作氛围(X_{63})	74.16	51.06	37.38	0.184	0.689	0.397
	单位总体文明素养(X_{64})	77.68	53.69	39.50	0.183	0.691	0.406
	单位工作场所安全感(X_{65})	77.03	51.00	35.34	0.203	0.662	0.509
	单位环境文化艺术感(X_{66})	75.71	47.45	30.07	0.230	0.627	0.397
	均值	75.14	49.20	33.50	0.209	0.654	0.445

五、建议和期望

(一)员工对公司的期望

组织文化质量量表中有 26 个与组织文化效用相关的词语,供 M 公司员工表达对本公司的期望。结果显示,员工对公司期望值最高的是团结、激励、信任、信用,分别占总人数的 42.54%、37.02%、32.97%、32.43

％;其次是目标、方向、平等、尊重、开心,分别占总人数的 32.04％、32.04％、32.04％、30.94％、30.94％(见图 5.6)。作为营利性组织的公司,其员工关注度和期望最高的反而是公平、平等、团结这些基本纯属精神层面的价值;相反,特别是报酬之类,反而关注度和期望值不高。这说明一方面,这个结果与前述统计分析的相关结论基本一致,M 公司具有较强大的名义文化核心竞争力,这是一股潜藏在员工之中的企业核心竞争力,需要进一步激发;另一方面,M 公司的确拥有一批对公司发展高度负责的员工。从中也可以看到,彼得·圣吉期望构建的更适合人性的组织,既是有希望的,亦是急需的。因为,在这个高度组织化的社会,处于当

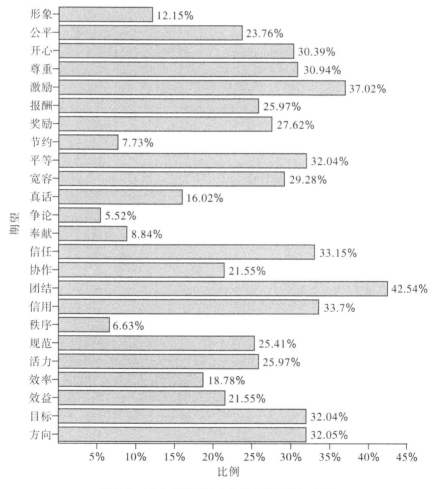

图 5.6 M 公司员工对本公司的期望($N=180$)

代组织中的成员,即使是工作和生活在营利性组织中的成员,亦并非以获取经济利益和报酬为唯一目的。

(二)员工对公司的意见和建议

本书就 M 公司员工对本公司的意见和建议进行了调查,并汇总如表5.14 所示。

表 5.14 企业员工对 M 公司意见和建议

序号	意见和建议
1	多关心员工
2	涨工资、奖金
3	准时发放工资
4	加强后勤工作
5	下层领导不要太过于自我
6	希望根据实际情况确定目标
7	公司领导更多关心底层员工,让员工有一种归属感
8	公平对待公司和门店,对公司和门店都必须严格要求
9	增加福利
10	多跟普通员工交流
11	下达任务之前先把各部门协调好
12	各部门之间能够团结合作
13	所有统一标准执行的东西应核对准确,统一之后再下放门店
14	门店的一些标准制度早点完善
15	公司高层多关心下属,给下属一定的创新机会
16	希望门店招收更多的高素质人员,提高全体员工素质
17	维修东西时,师傅要更耐心

续表

序号	意见和建议
18	高层与底层的接触和沟通应更多
19	公司高层要去门店巡视,认识更多人
20	工作大小事物不应只看表面,要深入了解
21	平等互助
22	减少形式
23	公司多研发新产品
24	高层多与我们互动,谈心,而不是每次看到的都是一副架子
25	领导下达命令后不要不管过程,只要结果
26	人员应到位,以便回家过年
27	工作时间缩短,应有加班工资
28	制度不应朝令夕改,要有统一的意见,坚持好的东西
29	给予合理的节日福利
30	领导多接触基层员工,了解门店情况
31	严抓绩效,规范内部治理
32	公司各部门能够更好地服务门店的工作
33	提高效率
34	加快速度发展,开更多的门店
35	有付出必须有回报
36	执行人把事情每天执行下去
37	统一发展方向
38	整合内部资源,调整业务模块
39	多让员工参与培训,以培养人才
40	多提供给门店所有伙伴的培训
41	消费的优惠增加

（三）关于文化基因与企业健康发展的若干建议

组织文化质量测量结果显示，M公司的一些经营理念和主张得到了较好的贯彻落实，而且，以层级型为主、市场型为辅同时兼具宗族型、活力型的文化形态均衡的企业文化已经形成。M公司拥有了永续发展的文化基因，企业文化的无形力量正在对公司的永续发展发挥着良好的功能和作用。然而，企业文化效用的"三高三低"现象，以及合理报酬、平等尊重、敢说真话、激励创新、上司关心等方面的不足和部门扯皮等问题的存在，说明M公司企业文化建设、管理和治理依然方面任重道远，文化管理工作需要摆上重要的议事日程。

1. 强化与食品行业相对应的企业文化

M公司强化的企业精神，即自信、自律、自立、自强，可以激发员工的凝聚力、创造力，也将可以继续为M公司的可持续发展提供精神动力和智力支持。然而，企业文化建设必须有行业针对性，同时也要有机地结合本地、本企业的实际和员工的生存现状。

作为食品企业，第一，M公司在强调自信、自律、自立、自强的企业精神的基础上，还需要强化精心、精细、精致、精巧等经营理念，并落实到企业的战略、制度、顾客、激励、学习、环境之中，一以贯之地加以执行，以期在甜蜜的小屋中，生产出更甜蜜的美味，更甜蜜的温情。第二，要用情感的方式、健康的信念诠释全新的烘焙产业，改变大家对于烘焙、面包、西点的理解和固有思维，必须重视企业文化的社会传播力。M公司向社会传播的不应当仅仅是面包，更应是M公司的精神。同时，与顾客分享、烘焙文化，应当可以成为扩大M公司企业文化社会传播范围的有效手段。第三，既要吸取西方管理思想、管理理念，也要有和合共赢、和衷共济、和气生财等东方经济伦理精神，以打造出一个中西合璧的企业文化形态。与此同时，M公司要重视企业内部的中西文化冲突。

2.重视企业文化对内、外的无形影响及其无形力量

企业文化更多地以无形的力量在企业中存在,这是支配企业及其全体成员所有行为的决定性力量。企业高管及其他员工的一举一动、一言一行、一点一滴,乃至企业的一山一水、一草一木、一石一竹,都不是空穴来风、无中生有的,本质上都是文化,都是企业文化。作为企业的核心竞争力,企业文化由学习力、革新力、凝聚力、传播力等组织文化软实力,以及战略绩效、制度绩效、顾客绩效、激励绩效、学习绩效、环境绩效等文化效用价值共同构成。组织文化质量测量结果显示,M 公司的企业文化所表现出来的学习力、革新力、凝聚力、传播力等,与理想状态存在距离,企业需要在重视企业战略、制度、顾客、激励、学习、环境等方面有形、有效工作的同时,全面推进对渗透在企业中的那一股无形力量的培育、塑造、调适、整合。建议 M 公司学习发达国家企业管理经验,一是在企业内部培训或聘用一名文化管理师。对文化管理师要做好文化管理知识的系统培训,并由他对企业内部及 M 公司各门店的文化及其对企业内、外的影响进行日常动态的巡视、监管。二是采取有效措施对企业文化与管理现状实施及时动态的监测。

3.全面系统地查找企业管理和文化治理方面存在的问题

M 公司文化总体处于“和”文化态,并有着较为强大的名义文化核心竞争力,是一家较为典型的处于组织生命周期成熟期的企业。这一时期,企业能否发展壮大,关键在于能否采取有效和有力的措施,使名义文化核心竞争力向着实际文化核心竞争力转化。

拥有强大的名义文化核心竞争力,说明 M 公司已经拥有一批对企业发展高度负责、对公司的现状和问题全面了解,并且能“诚实地面对真相”的员工,这意味着 M 公司要实现这种转化可能并非难事,关键在于管理层(包括中层)要善于向基层员工学习,要在充分尊重并听取各方意见后,采取一些有针对性的措施,切实解决当前存在的诸如合理报酬、平等尊

重、敢说真话、激励创新、上司关心以及部门合作等方面的问题。找到问题是解决问题的前提和基础,只要能找出问题,认清企业问题的"真相",或许管好任何一个企业的专家,都在企业里。M 公司当前已经形成了以层级型为主、市场型为辅的文化,这可能也是当下中国企业普遍存在的文化现象。从管理的角度看文化,任何一种文化形态其实均有其存在的理由,只是基本前提是,不能使企业出现高度的文化断裂、文化危机,或者是陷于组织"反学习",进而跌入"成功的陷阱"。

4.制定企业文化发展战略,推行企业文化全面质量管理

管理就是文化,文化就是管理,就是以文治人、以文化人,从而实现"文治"。企业文化是企业管理的总纲,纲举则目张。成功的企业管理,需要推行企业文化治理。企业文化战略必须立足长远,立"根"百年,努力实现以经济立足、以文化立根的经营理念,实现公司的基业长青,全力打造百年老店。为此,建议 M 公司适时召集全体中层以上干部,认真分析研究本次测量报告的结论和数据。并召开两次以上有代表性的员工座谈会。在广泛征求企业中高层领导及普通员工、企业供应商、运营商、专家组成员等的意见和建议的基础上,以精心、精细、精致、精巧为企业文化的总纲,确立公司企业文化最低行为准则和最高行动纲领。同时,M 公司应对现行管理制度、生产流程、财务运营、战略目标等进行一次全面梳理,对企业战略、制度、顾客、激励、学习和环境等方面存在的问题做一次全面的清理整顿。在此基础上,制定具有行业、产品和服务针对性的企业文化战略,如制定《M 公司企业文化战略第一个五年规划(2021-2026)》。

附录一

CQO 文化基因与企业健康调查问卷

尊敬的女士、先生：

高质量的企业，需要高质量的文化支撑。CQO 文化基因与企业健康调查问卷，是根据文化质量管理原理、文化基因解码原理和美国"卓越绩效"管理理念设置的，是对企业文化核心精神的全面测评。您的回答对我们的研究非常重要，对于营造一个高质量、规范有序、和合共赢的企业组织和良好的工作环境更为重要。调查结果只用于学术研究，不涉及个人隐私。恳请您抽出 5 分钟时间，认真答题。衷心感谢您的支持、配合！

注意：

1. 回答问题时，请不要与他人商量。

2. 所有单选题只选一项，多选题也有具体要求，请勿多选。

3. 请在各题备选答案相应的序号上打√。

4. 请您认真阅读问卷，以免遗漏问题。遇到搞不清楚的问题，可以不做。

浙江天和文化管理研究院

浙江省文化标识建设研究基地

2021 年 12 月 1 日

一、基本信息

1.性别：［单选题］

　　○男　　　○女

2.原籍：［填空题］

　　＿＿＿＿＿＿＿＿省（市）或外国籍

3.年龄（请按周岁选择）：［单选题］

　　○22岁及以下　○23—28岁　○29—40岁　○41—55岁

　　○56岁及以上

4.教育程度：［单选题］

　　○初中及以下　○高中或中专　○大专　○本科

　　○硕士研究生　○博士研究生

5.您在本单位的职位是：［单选题］

　　○高层管理人员　○中层管理人员　○普通员工

　　○专业技术人员

6.您在本单位工作了多长时间（请按周年选择）：［单选题］

　　○1年及以下　○2—3年　○4—5年　○6—10年

　　○11年及以上

7.您在本公司的年收入：［填空题］

　　＿＿＿＿＿＿＿＿万元

二、单选题

1.您觉得本公司的各种制度、措施、准则、口号等，有没有落到实处？

［单选题］

（1）完全没有落实

（2）没有落实

（3）有时候落实

（4）基本落实

（5）完全落实

（6）不知道

（7）其他：＿＿＿＿＿＿＿＿（请说明）

2.您觉得本公司提倡的一些办事原则、做事理念、行事风格等,与您自己所期望的一致吗?［单选题］

(1)完全不一致

(2)不一致

(3)基本不一致

(4)基本一致

(5)完全一致

(6)不知道

(7)其他:_____(请说明)

3.您觉得本公司同事间的人际关系如何?［单选题］

(1)很好

(2)好

(3)一般

(4)不好

(5)很不好

(6)很少交往,感觉不到

(7)不知道

4.您对本公司经济和各项事业发展的愿望如何?［单选题］

(1)强烈希望发展

(2)希望发展

(3)有时希望发展

(4)不希望发展

(5)完全不希望发展

(6)无所谓

(7)其他:_____(请说明)

5.相对来说,您认为本公司下列哪一项做得最好?［单选题］

(1)明确的工作目标与努力方向

(2)相互理解、支持的上下级关系

(3)部门之间的配合、协作

(4)同事之间的配合、协作

(5)明确的责任分工

(6)相对独立自主的工作

6.相对来说,您认为本公司下列哪一项做得最不尽如人意?[单选题]

(1)明确的工作目标与努力方向

(2)相互理解、支持的上下级关系

(3)部门之间的配合、协作

(4)同事之间的配合、协作

(5)明确的责任分工

(6)相对独立自主的工作环境

三、单位现状打分

请您结合本公司的现状和您个人的真实感受,在每一对词语后打分。

打分规则:分值越高表示越符合公司实际。

1=很不满意;2=不满意;3=一般;4=满意;5=很满意。

1.[矩阵单选题]

词语	1	2	3	4	5
单位前景	○	○	○	○	○
个人前途	○	○	○	○	○

2.[矩阵单选题]

词语	1	2	3	4	5
集体努力	○	○	○	○	○
个人努力	○	○	○	○	○

3.［矩阵单选题］

词语	1	2	3	4	5
重视过程	○	○	○	○	○
看重结果	○	○	○	○	○

4.［矩阵单选题］

词语	1	2	3	4	5
规范有序	○	○	○	○	○
灵活自主	○	○	○	○	○

5.［矩阵单选题］

词语	1	2	3	4	5
上司关心	○	○	○	○	○
同事友情	○	○	○	○	○

6.［矩阵单选题］

词语	1	2	3	4	5
外部声誉	○	○	○	○	○
内部满意	○	○	○	○	○

7.[矩阵单选题]

词语	1	2	3	4	5
公平奖罚	○	○	○	○	○
合理报酬	○	○	○	○	○

8.[矩阵单选题]

词语	1	2	3	4	5
鼓励竞争	○	○	○	○	○
激励创新	○	○	○	○	○

9.[矩阵单选题]

词语	1	2	3	4	5
尊重差别	○	○	○	○	○
规范一致	○	○	○	○	○

10.[矩阵单选题]

词语	1	2	3	4	5
容忍错误	○	○	○	○	○
敢说真话	○	○	○	○	○

四、多项选择题

请从下列 6 行的 24 个词语中，选出 6 个，一般可在每一行选一词，表达您对本公司的希望。［多选题］［最少 1 项］［最多 6 项］

☐方向　　☐目标　　☐效益　　☐效率

☐活力　　☐规范　　☐秩序　　☐信用

☐团结　　☐协作　　☐信任　　☐奉献

☐争论　　☐真话　　☐宽容　　☐平等

☐节约　　☐奖励　　☐报酬　　☐激励

☐尊重　　☐开心　　☐公平　　☐形象

五、评价题

请您对下列事项做出评价：［矩阵单选题］

事项	很不满意	不满意	一般	满意	很满意
您自己生活幸福感	○	○	○	○	○
您自己工作快乐感	○	○	○	○	○
公司总体工作氛围	○	○	○	○	○
公司总体文明素养	○	○	○	○	○
单位工作场所安全感	○	○	○	○	○
单位环境文化艺术感	○	○	○	○	○

六、简答题

请您提一条最想对本公司高层提的意见、建议，或者请您简要说说本单位给您印象最为深刻的一件小事。衷心谢谢您！

附录二

吴福平文化系列著作研讨会资料汇编

本书是吴福平文化系列著作——《文化全面质量管理——从机械人到生态和谐人》(中国社会科学出版社,2006 年 11 月出版)、《文化管理的视阈:效用与价值》(浙江大学出版社,2012 年 4 月出版)、《文化测量:原理与方法》(浙江大学出版社,2014 年 6 月出版)、《文化原动力》(浙江大学出版社,2018 年 11 月出版)、《文化基因解码:原理与方法》(浙江大学出版社,2021 年 10 月出版)——构建的文化基础理论的延续、深化及具体运用。原浙江省文化艺术研究院于 2019 年 4 月 24 日召开吴福平文化系列著作研讨会,并对吴福平的系列著作进行了较为全面、系统和深入的讨论与总结。现将该研讨会的相关资料辑录于此,以飨读者。

一、会议简报

吴福平文化系列著作研讨会在杭州召开

2019 年 4 月 25 日,由浙江省文化艺术研究院组织召开的"创造性转化,创新性发展·文化科学:走进文旅融合新时代·吴福平文化系列著作研讨会"在杭州成功举办。在当天的会议上,来自文化学界的全国文化名家、文化专家学者就吴福平撰写的《文化全面质量管理——从机械人到生态和谐人》《文化管理的视阈:效用与价值》《文化测量:原理与方法》《文化原动力》等 4 部专著进行了深入讨论。会议内容很丰富,思想很深刻,气氛很热烈,对吴福平近 30 年来在文化和文化哲学、中西方哲学研究上取得的成就,进行了较为全面系统的梳理、回顾和总结,并给予了充分肯定和高度评价。

根据本次研讨会收到的包括浙江大学教授范柏乃、余潇枫、肖文、蔡宁和深圳市特区文化研究中心学术总监毛少莹等专家的贺信,以及在座各位嘉宾的座谈讨论,与会人员认为,吴福平文化系列著作在文化理论研究上有重大突破,并且显而易见地走在了该领域的前沿和前列。其在中西哲学的研究上,提出"存在图说",用独特的视角对中西哲学进行了独到的解读。会上有学者说,吴福平是当今时代最明白的哲学家。在文化和文化管理、文化哲学研究上,他以文化的实践性定义为逻辑起点,致力于解决文化如何"化"以及以什么"文"来化等基础理论问题,他提出的关于文化管理研究路径、文化质量预警系数计算方法、文化质量周期理论、文化管理的"天地人"人性假设,构建的文化原动力及其传导机制模型以及文化测量模型及方法,等等,寓理论于实证,融学术于实践,具有创新性和前沿性,对于科学地指导文化建设实践,规避文化"公地悲剧"以及文化质量周期、组织生命周期等,都具有现实针对性和实践指导意义。吴福平文化系列著作,研究思路清晰,逻辑严密,视野开阔,跨越思想史、文化史等领域,从中可见作者扎实的学术功底、严密的逻辑思考能力,对于深化文化管理、文化动力、文化哲学研究具有重要的理论和实践价值,富有原创性和实践性。

会议对吴福平的研究做了如下总结:一是吴福平有着深厚的中西哲学基础。他不仅把文化研究建立在牢固的中西哲学基础之上,也把文化哲学研究引向了深层次的对"存在"问题的探究。吴福平通过对《易经》《道德经》的研究和解读,从源头上对中西哲学进行了有机的、科学的对接,富有开创性并且有重大突破。二是吴福平成体系的文化理论构建不仅充分体现了吴福平文化研究开阔的视野、独到的视角和深邃的理论洞察能力,也显示了其极强的创新能力、超越能力。三是吴福平构建的文化理论既富有原创性,也具有实践性。基于文化天然的公共性及无形作用的普遍存在,吴福平强调,任何公共性事务的展开都必然要面对文化了的或者是正在被文化的人,从这个意义上说,一切决策皆是文化决策。任何公共政策的广泛实施留下的都可能是永久性的文化记忆,没有比文化决策更需要慎重的公共决策了。会议认为,他的系统性的文化理论以及很多研究结论在今天的文化工作实践中是非常值得重视的,也是值得推广和普及的。四是吴福平的文化和文化哲学研究有利于增强文化自信。会议认为,面对西方各种思潮,文化自信不是空口喊出来的,需要做大量具体、仔细和踏踏实实的研究工作。吴福平通过三十年如一日的不解探索,在这方面做了很好的富有开创性意义的工作,是非常值得赞赏和肯定的。吴福平的文化管理、文化哲学研究,堪称中国传统文化哲学创造性转化、创新性发展的一个范例。

在全体与会同志的努力下,会议充分展现了吴福平近30年在学术上的艰辛努力及其所取得的丰硕成果。吴福平文化系列著作的研究以努力贯通哲学、人类学、历史学、经济学、政治学、社会学、管理学等学科的综合视角,围绕文化和文化管理、文化哲学、文化动力等核心问题,对文化研究的原点进行了挖掘,对文化范畴的建构进行了考察,对文化类型的演化进行了揭示,对文化机制的创新进行了着力,形成了具有独特解释力的文化哲学理论。

研讨会上,举行了吴福平著作赠书仪式。浙江图书馆、杭州图书馆、浙江大学图书馆、浙江大学城市学院图书馆和西湖区图书馆的代表接收了赠书。

在会议最后的互动环节,吴福平根据与会学者提问,就文化管理或治理中最需要引起重视的问题,以及提出"存在图说"的基本意图等,与现场学者做了互动交流。

二、会议贺信

致吴福平文化系列著作研讨会的贺信①

首先，我代表九三学社浙江省委员会对吴福平文化系列著作研讨会的召开，表示热烈的祝贺！同时，今天因为要主持召开一个重要会议，不能到会，在此，谨向亲临本次大会的各位领导、各位专家学者、各位嘉宾以及会议筹备组的同志表示诚挚的问候，并致以深深的歉意！

吴福平是我的学生，他在学术研究上取得的成绩也是最值得我骄傲和自豪的。吴福平对文化、文化管理、文化哲学的研究，思想深邃，新见迭出，分析视野开阔，观点新颖独到。几部论著如《文化管理的视阈：效用与价值》《文化测量：原理与方法》《文化原动力》，运用文化学、社会学、管理学以及中国传统文化、哲学等相关理论资源解释文化现象，显示了极强的理论探索和集成创新能力。如对几个重要概念——管理视域的文化、公共文化、文化力量与文化质量、文化质量周期与组织生命周期——等的分析与界定，视角独到，观点新颖，不仅明确给出了一个可操作的文化定义，强调了文化的规范价值、工具价值、实用价值及其流变性、动态性等特性，而且也为文化和文化管理的研究拓宽了视野。吴福平一系列的原创性构建深化了文化管理、文化哲学的研究，无疑走在了该领域的前沿。

我是从事公共管理高级定量分析研究的，文化测量一直以来既是文化研究的热点，也是一大难点。吴福平的几部论著，特别是《文化管理的视阈：效用与价值》《文化测量：原理与方法》，在更宽广的视域里，更深入地讨论和研究了文化测量问题。针对当前文化管理和文化测量理论和实践中存在的主要问题，譬如：由于未能从管理的视角对文化概念进行严格、可操作的定义，不仅难以真正地把握文化机体的运行机理和流动、变迁规律，也未能准确地找到测量和研究的对象，极大地降低了文化测量的

---

① 作者系浙江大学公共管理学院教授、博士生导师，九三学社中央委员、浙江省委副主委，范柏乃。

表面效度;对文化的力量与质量未能做出准确界分,因而解释不了强力型企业文化的悖论性;未能对测量指标进行相关性和鉴别力分析,因而,极大地降低了文化测量对文化建设实际成效和作用的解释能力;等等。面对这些问题,在深入阐述文化管理的文化缺失、管理视域的文化研究路径、文化管理的"天地人"人性假设、文化管理的"反学习"本质、文化质量周期与组织生命周期及其内在关系等的基础上,吴福平不仅提出并原创性地构建了文化质量预警系数计算方法、文化质量周期理论,并且,在此基础上致力于组织文化(作为一个有机体)、公共文化服务绩效、文化软实力测量原理和方法的构建。同时,运用所构建的理论和方法,对一些小型组织的文化及区域社会的公共文化服务绩效进行了实际测度和实证研究。吴福平所提出的文化测量原理和方法具有前沿性、创新性和实践性,对于组织文化研究的定量化和精细化,对于深化文化和文化测量研究,以及把文化从静态的功能性研究推向动态的规律性研究,提升文化管理的科学化水平,具有重要的理论与实践价值。

吴福平文化系列著作,以其深厚的中西哲学基础为学术研究背景,对于文化、文化管理、文化哲学的研究,在很多重要的理论问题上都有重大突破,需要引起文化学界、思想界、哲学界乃至学术界的高度重视,也需要引起各级文化行政部门领导的高度重视。希望通过本次会议,对吴福平同志的理论成果进行全面的梳理和总结,并在文化理论和工作实践中加以普及推广,努力为文化浙江和文化强国建设,提供学理基础和文化支持!

最后,预祝大会圆满成功!向吴福平同志表示热烈祝贺!

创造性转化 创新性发展①
——致吴福平文化系列著作研讨会的贺信

4月25日，我因参加南京大学"中国百年大变局学术论坛"，无法分身参加今天的会议，特此表示歉意，并预祝今天的会议圆满成功！

吴福平在浙江大学攻读博士期间专门修过我的课，我参加了他的博士论文答辩会，并给予很高的评价。他的文化系列著作，从《与霍金对话——中国自然哲学之于新宇宙学》《文化全面质量管理——从机械人到生态和谐人》到《文化原动力》，我都仔细读过，我想谈三点意见。

第一，吴福平有深厚的中西哲学基础，这点非常值得赞赏。从《与霍金对话——中国自然哲学之于新宇宙学》到《文化原动力》，他对中国古老的《易经》《道德经》哲学中的一些核心问题，做出了令人信服的、具有突破性的解读。特别是吴福平运用西方哲学和数理哲学，从"零"开始，对《易经》中的相当于柏拉图所说的"纯数"，如"一""二""三""四""五"等一些重要数理、重要哲学概念，进行了系统性的诠释，既显示其深厚的中西哲学基础，也充分体现了他的创造性转化、创新性发展能力。吴福平三十年如一日对《易经》《道德经》的研究和解读：一方面，说明中西哲学从源头上是可以对接的，而且已经做了有机的、很好的对接；另一方面，说明今天中西哲学的融通是时候了。

第二，吴福平的文化理论建构具有前沿性、系统性。吴福平的文化系列著作以文化的实践性定义为逻辑起点，系统地回答了文化是什么、文化如何"化"以及以什么"文"来化，阐述了文化全面质量管理、文化的价值和效用价值、文化的外部性动力和内部性动力等，揭示了文化的动力机制、传导机制、基本形态和基本规律等基础性问题，为文化的科学化研究，做出了极具启发意义的、系统性的探索。同时，吴福平的文化研究还说明，在20世纪的文化理论思潮中，德国的法兰克福学派和英国的伯明翰学派，虽然极具代表性，但是，前者的文化悲观主义与后者的文化乐观主义之所以陷入"二律背反"的困局，正如吴福平所指出，是因为这两个学派所

① 作者系浙江大学公共管理学院教授、博士生导师，哲学博士，余潇枫。

谈论、所倡导、所批判的对象,都是文化的效用价值,而非文化价值,或者是在两者之间含混不清的东西,这使得它们的悲观主义和乐观主义都呈现出一种无根性,因此,它们在本质上都不值得信赖。如马尔库塞的"单向度的人",显然是无视文化的内部性动力的产物。这些理论判断和研究结论充分体现了吴福平文化研究开阔的视野、独到的视角与深邃的理论洞察能力,也显示了极强的创新能力、超越能力。

第三,吴福平的很多研究结论在今天的文化工作实践中非常值得重视。他给出的文化实践性定义不仅在中西方哲学中找到了深厚的理论基础,而且在文化实践中找到了可操作的对象。同时,他把文化研究从静态的功能性研究推向了动态的规律性研究和实践,堪称中国传统文化哲学创造性转化、创新性发展的一个范例。理由在于:一是这个文化定义的本质便是中国的一阴一阳互动的太极图,根据太极生两仪,两仪生四象的原理,吴福平进一步区分出"超""合""和""纯",本质便是"四象"。进而,根据中国的《易经》哲学,便可以看出,这"四象"是每一种现实的文化模式、每个文化实体在发生、发展、运动中必然经历的流变过程,是文化机体流变、具有内在必然性的本质性规律。从历史哲学的角度看,正如吴福平所指出,可能还可用以深入解读康德所说的关于历史的某种不以人的意志为转移的"自然意图",以及黑格尔所阐发的"理性的狡计"。二是从吴福平对老子"三"的形式意义和内容意义的解读,来看他的关于文化的实践性定义,文化互动的和部分不仅在文化内在结构以及具体实践中具有决定性意义,而且本质上遍及社会实践以及人的感官世界。这就为德国哲学家、文化学家李凯尔特在《文化科学与自然科学》中提出文化与自然的对立并举找到了更为重要的理论基础,也为英国人类学家 R.弗思强调的"文化是社会重要的结构要素,文化就是社会,社会是什么,文化就是什么"等理论判断找到了理论支点。吴福平对文化内部性动力与外部性动力的区分,以及对于文化价值和文化效用价值的深度阐述值得重视。这样的分析、研究和判断,对于指导文化理论研究和文化建设实践,无疑具有重大的理论和实践价值。三是要重视文化原动力及其传导机制模型的内涵。文化原动力模型将康德阐述的理论理性、实践理性、审美理性和哈贝马斯提出的交往理性纳入四个象限,绝不是随意的,本质上正如吴福平所指出的,从中可以看清哲学史上一些重要思想在这个思想坐标系中的固有的位置,而且,也为解决文化以什么"文"来"化"提供了可能的思路和理路,避免人们在理论和实践中的盲动。文化四种形态的流变具有内在必然性,四种文化软实力的分类具有严密的逻辑周延性,这就使得文化原动力传导机制模型体现出较好的科学性,可以成为文化动力系统分析的有效途径。

除了上述三点,我还想说的是,中国学者往往不读中国人自己写的书,不重视中国学者自己的研究成果,这是极不足取的。面对西方学者、西方理论,中国人、中国学者不应该也不需要妄自菲薄。当然,面对西方各种思潮,文化自信也不是空口喊出来的,需要做大量具体仔细和踏踏实实的研究工作。吴福平通过三十年如一日的艰苦探索,在这方面做了很好的富有开创性意义的工作,是非常值得赞赏和肯定的。

从文化看主流经济学[①]

—— 致吴福平文化系列著作研讨会的贺信

我多年来一直在国际经济学、技术经济学、欧洲区域经济研究等领域从事学术研究和教学工作,至今仍然记得吴福平在浙江大学经济学院攻读硕士学位时的情景。作为班里的"学术明星",吴福平的语言功底十分扎实,语言能力十分出色,我因此常常告诉同学们多品读和学习吴福平的论文,期望同学们能够得到提高。后来,他跟范柏乃教授攻读博士学位,他的语言魅力于在此期间的论文中得到了淋漓尽致的体现。当然,吴福平值得赞赏的不仅是他的写作和语言能力,还有他的研究能力。在这一贺信里我想仅举一例为证。吴福平在《文化测量:原理与方法》一书的"引论:文化'公地悲剧'"一文中指出,一家、一族、一组织、一团体、一区域,看上去人人都很有文化,人人或都自以为很有文化,但是群体、集体或整个

---

① 作者系浙江大学公共管理学院教授、博士生导师,浙江大学宁波理工学院商学院院长,肖文。

区域没有文化,成了冷淡漠视、扯皮内耗、猜忌踩压、散漫憋闷、乌烟瘴气,或者是重经验、反创意、拒绝沟通、反对学习、暮气沉沉的乌合之众,成了没有是非观念和群体合力的组织(含企业组织),成了没有公共伦理和德性准则的社会,成了没有灵魂的城市,成了文化的沙漠,这就是"文化公地悲剧"。吴福平巧妙地将经济学理论引入文化学研究之中,对文化问题进行了准确表述,体现了他善于思考的研究能力和勇于创新的研究精神。

吴福平进一步指出,如果从文化看经济学上所说的"公地悲剧"和"囚徒困境",本质上没有区分实质理性与形式理性的必要和可能。这是因为,在哲学思想史上,人人都知道,爱利亚派哲学家巴曼尼得斯就已经进展到以存在为形式的纯思阶段。按照黑格尔的逻辑,形式只有扬弃并包含存在于其内,方可成其为形式,存在亦然。这个问题的关键在于,经济理性人在博弈中的判断力从何而来。康德在《判断力批判》中指出,在具有高层认识能力的家族内,有一个处于知性和理性之间的中间环节。"这个中间环节就是判断力。我们有理由按照类比来猜测,即使它不可能先天地包含自己特有的立法,也同样可以先天地包含一条它所特有的寻求规律的原则,也许只是主观的原则。这个原则虽然不应有任何对象领域作为它的领地,却仍可以拥有某一个基地和该基地的某种性状,对此恰好只有这条原则才会有效。"[①]正是因此,黑格尔才把理性看成世界的主宰,看成始终驱使主体投入践履的内在动力。[②]

如此看来,参与一切社会事务判断和博弈的人,不仅都是或者先天是理性人,都以"恰好只有这条原则才会有效"的理性原则行动或行事,而且,参与的动力正在于理性或先天理性的存在。也正因此,制度经济学在触及文化问题时也发现,人类创造文化并不是因为其先知先觉或者全知全能,而是因为自觉地保持了一种"理性的无知"。[③]

这就是说,在信息的鸿沟中,人类既不可能亦无必要做到全知全能或

---

① 康德.判断力批判[M].邓晓芒,译.北京:人民出版社,2002:11.

② 黑格尔.小逻辑[M].贺麟,译.北京:商务印书馆,1980:213.

③ 柯武刚、史漫飞.制度经济学——社会秩序与公共政策[M].韩朝华,译.北京:商务印书馆,2003:65.

者先知先觉,保持这种"理性的无知",依靠文化性规则去填充它,正是一种理性的选择。也就是说,"文化人"也是一种理性人,是文化理性人,并且,与经济理性人遵循着同样的理性准则。同时认为,一旦放弃经济理性人原本具有的德性因子来理性地谈论"公地悲剧"和"囚徒困境",必然使得这两桩公案只能成为个案和特例,而非问题的一般。就"公地悲剧"而言,不觉这些经济人如何理性,因为他们具有德性因子,"公地悲剧"都可以判定为是德性造成的,而非理性造就的,是集体"非德性"而不是集体"非理性"铸造了这一悲剧。"囚徒困境"中,主流经济学更是让两个局中人都陷入了道德困境,而非个人理性与集体理性的矛盾或困境。因为两个局中人无论是坦白还是不坦白,都是有违德性的。坦白,对于局中另一方而言是不道德的;不坦白,又有悖于社会公德。主流经济学在"囚徒困境"中制造的是一个德性悖论或道德困境。即便如此,从文化的角度看,"囚徒困境"中的局中人采取"坦白—坦白"的策略,完全可以说是他们都放弃了私德而遵守了公德,是值得颂扬的优良品性,而并非主流经济学所说的集体非理性,或者是个人理性与集体理性的矛盾。

吴福平进而指出,从文化看主流经济学,由于忽略了原本应当予以重视和关注的经济理性人的德性因子,来理性地、系统化地建构其理论,而大大地降低了其解释能力和应用能力,也使其经济宏图和社会愿望常常受挫,而且,由于意识惯性和路径依赖的存在,无论是事前、事中还是事后,都放弃了对经济理性人的可能的德性熏陶和驯化的责任,而心满意足于理性地对待其理论所遭遇的一切。由此深入,"公地悲剧"和"囚徒困境"就全然不是什么经济理性人的杰作,而只不过是一种文化现象,也可以说是文化理性人在"恰好只有这条原则才会有效"时在博弈中实现的纳什均衡。因而,"公地悲剧"和"囚徒困境",本质上都可以看成一种文化困境、文化"公地悲剧"。或者说,是文化"公地悲剧"造成了"公地悲剧"和"囚徒困境"。

吴福平这样一些研究结论,我想无论是对于文化学的研究,还是经济学的研究,见解是深刻的,意义是深远的。吴福平的文化系列著作是他近30年在文化理论研究上艰辛努力的结晶,在此,我作为他的老师,对吴福平表示深深的敬意,并预祝会议圆满成功!

致吴福平文化系列著作研讨会的贺信①

特别遗憾,因劳动节前各种事务,无法参加今天的研讨会,在此向吴福平先生致以歉意,并预祝会议取得预期成效!

我主要的研究兴趣聚焦于创新与可持续发展、网络组织与战略,非营利组织发展与创新等方面,文化研究我是外行。然而,吴福平有关文化的研究对战略与创新研究有很大的启迪意义。吴福平提出的文化的实践性定义不仅阐释了文化管理或治理的对象,而且也将文化研究从静态的功能性研究推向了动态的规律性研究和实践。吴福平认为,文化在本质上遍及社会实践以及人的感官世界,任何公共事务的开展都必然要面对文化或者是被文化了的人,由此,任何文化公共政策乃至公共政策的广泛实施都必然会留下几乎是永久的文化记忆。显而易见,这些研究结论具有科学性,对于公共文化与企业文化建设,对于组织及其战略管理,乃至公共政策制定,都具有重要的理论意义和实践价值。吴福平从"认同—认异""内敛—外张"这两个对立的价值维度,将文化软实力区分为学习力、革新力、凝聚力、传播力这样四种力,并阐明了四种力本质上都与学习相关联,没有学习或被学习能力的支持,文化软实力的培植、塑造和建设都难以在各类社群组织或者社会实践中得以成功实现。这不仅深刻揭示了文化软实力的本质特征,而且在逻辑上也更富有周延性和自洽性。这些研究使我们能更深入地理解,为什么哈贝马斯要用学习机制来解释社会的进化,为什么没有自由意志的学习是没有效率的甚或是"反学习"的。也正因此,吴福平在《文化原动力》中指出,以自由意志为核心、以批判和反思为两翼的文化原动力的培育,正是推进包括学习力、革新力、凝聚力、传播力等在内的文化软实力建设的根本途径。

相信通过对吴福平文化系列著作的研读,我们都会有一些新的启迪。吴福平由5部专著所构建的有关文化管理与文化哲学理论,在文化研究领域一系列重要理论问题上是有突破的,这不仅对于拓展文化研究视野,

---

① 作者系浙江大学公共政策研究院教授、博士生导师,浙江省公共政策研究院副院长,蔡宁。

而且对于企业管理与公共管理和治理的研究也具有重要的参考价值。

最后,再次预祝会议圆满成功! 向吴福平先生表示祝贺!

三、书评

海德格尔离"存在"有多远①
——评吴福平专著《与霍金对话——中国自然哲学之于新宇宙学》

关于这本专著,吴福平是从"为什么这个世界有男人和女人""我们为什么必然走向死亡"这样两个关于我们的存在的基本问题切入,然后对中国古老的《易经》展开解读的。正如周生春教授在该专著的序言中所说,吴福平的这一专著是一部令人耳目新的哲学著作。眼下真正有自己独到见解的书其实并不多见,《与霍金对话——中国自然哲学之于新宇宙学》一书的许多观点确实闪耀着智慧的光芒! 吴福平在易学研究上不落窠臼,不纠缠于传统易学特别是周易卦、爻、辞的变化与内涵,而是独辟蹊径,经简单思维,对"河图""洛书"等《易经》的千古之谜做了令人信服且独到的诠释,进而试图实现中国自然哲学与当今自然科学研究前沿之一新宇宙学的对话。这是一项大胆的尝试。这一尝试既较好地展示了中国古老《易经》所蕴含的科学意义,同时拓宽了当代相关学科的研究视野,这样的对话显然是非常有意义的。

尽管吴福平一直从事社会科学研究,其从自然科学的角度所做出的种种构想与假说仅仅停留在纯粹的思想层面,同时也还存在着这样或那样的缺陷与不足,但他这种大胆尝试的勇气却是值得大家敬佩的。当你沉浸于书中,顺着他的思路疾驰,你的思想可以天马行空,奔向广袤无垠的浩瀚星际,奔驰到幽微玄妙的微观世界;而当你收住马缰,你就会如同洗了个温泉浴,产生一种醍畅淋漓的美感。最值得一提的当是吴福平所阐述的简单思维。当我们把宇宙间呈现的任何简单现象都看作整个宇宙规则支撑下产生的必然与唯一时,我们的思路的确开阔了许多,因而在许

① 作者系浙江工商大学公共管理学院教授、原副院长,王自亮。

多令人迷惑不解的自然现象面前均能做到洞若观火、豁然开朗,并能从更高的层次透视我们存在的本相。所以任一简单现象其实都不简单!简单现象总是蕴涵着整个宇宙运行法则的奥秘,透露着宇宙运行法则的某种信息。只是因为我们的智慧不够,经验不足,灵敏度不高,才忽视了好些本该注意也很有用的信息,以致直到现在我们也无法认清自己的存在以及存在之本相。诚如吴福平所说,"不要以为原始人就不如现代人,尤其是在与大自然的心灵交通与感应方面",我们这些现代化了的人远离大自然已经太久太久。当我们钻进钢筋水泥构筑的住宅时,我们对于大自然的鸟啼蝈鸣、草萌风动、菊华荔挺,已经相当陌生了,甚至可以说是很麻木了。古人能够真切体悟从自然本原发出的信息,我们则往往听而不闻,视而不见。因而古人在与大自然的心灵交流中所深思静悟的东西,尤其是系统化了的自然哲学思想,对于今人来说颇有深入探究的价值,很值得重视和研究。吴福平在这一方面用力甚勤,经由简单思维,建立起物相理论与太极假说,进而相当成功地实现了中国自然哲学与新宇宙学的对话。所言实事求是,且新见迭出,有颇多予人启迪之处。

在这一专著的基础上,吴福平对中国自然哲学的研究,在后来的几本专著中不断地加以深化,特别是《文化原动力》的"第一章:文化动力研究:哲学基础和可能路径",融合中西哲学,从"0"存在机制、中西哲学中的"一"及"同一""虚数 i 和 $-i$,到《易经》的一阴一阳之谓道"、老子的"三"和"势"以及对《易经》易图的解读,对西方哲学、印度哲学特别是中国古老的《易经》中出现的 0、1、2、3、5、8 等纯数进了系统的解说,进而使文化哲学和文化动力研究建立在牢固的中西哲学基础上,而且在很多方面都有新的独到的见解和实质性、基础性的突破。如认为"0"存在的经验直观即自由,认为西方哲学经由库萨的尼古拉、斯宾诺莎、乔尔丹诺·布鲁诺、康德、黑格尔等哲学大家,把对宇宙物质世界的思考推到了 1,东方老子及印度佛学则可以认为把对宇宙物质世界的思考推到了 0,根据群论及其在书中所给出的方程式,则可以把对这个世界的认识推进到 i 和 $-i$;中西哲学上,0、1、i 和 $-i$ 及其相互间的关系研究,具有基础性、根本性意义。这些理论研判既独到,又有着重要的哲学意义,可以认为,其研究为打通中西哲学开启了一扇新的大门。在此基础上，吴福平还提出了"存在图说"，这也是值得重视的。吴福平指出，提出这一"图说"，主要是基于这样几点考虑：第一，海德格尔用存在者、此在及"上手事物"来解说存在，真正讲来，离他所要达成的目的，至少还隔着老子在《道德经》及亚里士多德在《天论》中所论及的"三"，也就是还隔着三层或九层（加法作用）乃至二十七层（乘法作用）。第二，希望用西方哲学及数理哲学来进一步演绎东方特别是中国古老的易学。"存在图说"中的几个图表、推论及所提及的内容，至少涉及老子以及阿那克西曼德、毕达哥拉斯、巴门尼德、苏格拉底、柏拉图、亚里士多德、斯宾诺莎、笛卡尔、康德、黑格尔、海德格尔、萨特、维特根斯坦、德里达、福柯等，中西方古今数十位哲学家，或者也可以认为是诸多哲学大家（也包括今天的理论物理学家）几千年思考探索的成果。第三，哲学应当也必须且一直有能力走在科学及一切现象的前头。第四，如果说黑格尔阐释的是绝对精神的绝对运动，那么，中国的《易经》解读的当是绝对存在的绝对运动。同时，只有真正解读了存在，或者在海德格尔倡导的生存论存在论或哲学人类学的基础上，才能真正读懂并认清他所说的存在者或此在往往被共在迷乱和遮蔽的文化。吴福平的文化研究与哲学研究实现了有机的对接，不仅把文化研究建立在牢固的中西哲学基础之上，也把文化哲学研究引向了深层次的对存在问题的探究，我想其意义是不言而喻的。

文化全面质量管理视角下的全域文旅事业发展[①]
——评吴福平专著《文化全面质量管理——从机械人到生态和谐人》

吴福平专著《文化全面质量管理——从机械人到生态和谐人》明确指出，文化是有质量的。这绝非要凑此起彼伏的全球质量运动的热闹，赶西方管理实践中"质量优位"成功取代"效率优先"的时髦。质量概念的有益泛化，尤其是嫁接到文化研究领域，或许更能让我们认清并透视文化的内在与本质。

---

① 作者系文化和旅游部国家公共文化服务体系建设专家委员会专家委员，阮可。

　　质量是当代管理学的主题,是管理者的核心工作。就企业管理而言,当今的质量评价体系已经从重视产品质量转为重视企业质量。企业管理实践雄辩地证明,高质量的企业需要高质量的企业文化来支撑。这又使得文化成了一种资本,成为核心竞争力。文化既然成了一种资本,当然是有质量的;高质量的文化在推动经济增长与社会进步上具有根本意义。因此,这一转变是根本性的,甚至可以说是划时代的、里程碑式的。于是,我们在这里不能不提文化质量这一概念。

　　在这一专著中,吴福平进而以文化的实践性定义为逻辑起点,阐述了文化全面质量管理的思路、理念、方法和途径。吴福平指出,21世纪的管理或治理研究已经或正在发生着重大转折,那就是从管"有"向理"无"的转变。"有"可包括人、财、物、产、供、销,"无"可包括隐性知识、隐形秩序、隐藏动力。相应地,文化研究也亟须从静态的功能性的研究和描述,转向动态的规律性的研究和实践。他同时认为,管理说到底就是文化的管理。不论我们提出什么样的管理模式、管理思想,这些管理方式掌握起来都不难。因为,说到底这些都可以看成一种对"有"的管理。而所谓的管理,很多时候难就难在对"无"的管理上,即对那些看不见、摸不着的东西(文化、秩序等)的管理。组织之所以显得机械性、无机性、非人性化,以及因此而使人们长期以来形成那种工具性工作观,很大程度上也正是由于组织对这些"无"的东西的无知与轻视。事实表明,许多组织正是败在对这些"无"的无知和不会管理上,而且,越是高智能的团队,这种可能性越大。而对文化及其质量的管理,本质上就是对那种"无"的管理。任何管理模式只不过是设计了一种新的"人—人""人—物"的互动模式。有人参与互动的场域,就必然会互动出群体控制的文化。如果说管理是一门艺术,那么,对于文化及其质量的管理来说,其艺术性将更加凸现。衡量一个组织是否有机管理,衡量一个领导者是否善于管理,只有一个标准,那就是"无",包括是否对"无"进行了管理以及能否做到"不管理"。

　　吴福平同时强调,这一专著是基于对"无机理论"困境的全新认知。这是因为,在哈耶克看来,文化是"人之行动而非人之设计的结果",是"自生自发的秩序",亦即文化是一个有机系统。面对自我推动、自调自控、

"自生自发"的有机系统,采取分解主义的、唯理主义的方法论,显然已经不合时宜——这便是他所说的"无机理论"的困境。所以,费夫尔在《西方文化的终结》一书中说,根植于古希腊文明的西方文化终结了。哈耶克则认为,把那些在相对简单现象的领域中被证明为大有助益的技术,也同样应用于那些复杂现象领域,不仅是极具误导性的,且极有可能把事情完全搞砸,实际上也已经造成了严重错误。而所谓有机,就是动态的、整体的、系统的。所以,彼得·圣吉倡导要学会系统思考。由于社会机体、社会秩序、社会文化等有机系统,均是由内藏于其中的对立统一的矛盾(如文化这样的"自生自发的秩序"则是以文化的善恶并存性作为"动力量"、原动力)不断发生、发展、演化的,因此,对任何一个自生自发、自我推动的有机系统来说,任何不恰当、不合时的强力干预,都有可能导致系统的恶化。所以,我们必须学会运用系统思考的方法,学会驾驭系统的力量,来进行对有机社会系统的研究。任何类型的社会文化都是一个"人—人""人—自然"互动的产物,因此,便都是一个有机系统,我们显然都应该运用有机社会理论予以治理,除此之外,似乎别无他途。

基于上述认识,通过对管理学近百年历史的回顾,吴福平指出,管理学史上对人的不同认识所导致的人性假设,直接决定了管理思想和管理方式。而在对人的认识和人性假设上,大抵经历了古典管理理论阶段泰罗、法约尔、韦伯等的"机械人""经济人""理性人"假设,行为科学阶段基于霍桑实验提出的社会人假设,以及彼得·圣吉的"系统人"假设,而现在则到了该明确坚持卡西尔等早就提出的"文化人"假设的时候了。同时,需要指出的是,传统中国天人合一、情理合一、道德合一等思想,又恰恰是以培养"文化人"为终极目标的。成中英在《合外内之道——儒家哲学论》中指出:"现代经济的竞争导向也早已把人教育成以利为重的经济人了。这是与传统中国以培育个人或为道德的文化人的思想格格不入的。"①尽管中国文化如一些批评者所指出的,也存在着这样那样的问题,然而,从成中英的表述中,我们至少可以断言,通过修炼中国文化,不仅有望在文

---

① 成中英.合外内之道——儒家哲学论[M].北京:中国社会科学出版社,2002:8.

化管理上找到突破口,而且可能在培育"文化人"上找出新思路。

质量管理的前三个阶段是质量检验阶段、统计质量控制阶段、全面质量管理阶段。全面质量管理阶段中的"全面",就是要求人们学会把工作当成是一项生产进程的中间点,起点是供应商,终点是顾客,也就是把质量管理从供应商开始一直贯彻到顾客这一管理终点。运用全面质量管理的思路,吴福平构建了文化质量管理原理,并对文化是什么、文化为什么、文化的初因、文化的重心、文化流变的四种形态、文化的互动结构、文化力量的双重性、文化质量的偏至性、文化管理的六大原则、文化全面质量管理等进行了系统的阐述。进而,还把组织文化全面质量管理理念界定为:

(1)把简单现象当文化专家,把组织内出现的任何一个简单现象都看作整个组织文化运作规则作用下产生的必然与唯一;

(2)牢牢把握文化的核心,在文化重心的推移中,不断推进组织学习,发展并保持组织文化的核心和文化力;

(3)与顾客、供应商以及一线员工保持密切联系,把他们当做文化顾问,不断发现问题,不断推进组织学习。

今天,走进文旅融合时代,吴福平所强调的有机社会理论和文化全面质量管理,对于在文旅实践中如何强化融合发展理念,如何把更多的文化资源转化为旅游产品,如何用文化增加旅游附加值,以文化要素的注入推动旅游特色化、品质化、品牌化发展,推动文旅事业的高质量发展,显然具有重要的理论和实践意义。吴福平认为,文旅事业发展的质量决定于社会人文资源、社会资本和社会质量,高质量的社会需要高质量的文化支撑。要打造出真正具有核心竞争力的文旅品牌,推动区域文旅事业的全面发展,首先要把任何一个区域社会系统中出现的任何一个社会文化现象(包括文化资源、文化遗产等)都看作本区域整个社会文化运作规则作用下产生的必然与唯一,从而培育塑造出具有差异化优势的文旅品牌。亦即相当于说:只有民族的,才是世界的;唯有区域的,才是全球的。其次是必须牢牢把握社会文化的核心,在社会文化重心的推移中,不断推进学习型社会建设,发展并保持区域社会文化的核心、质量和文化力,才能始终保持文旅产品的竞争力。最后是要与你的内部顾客(全域、全境的人民大众)、外部顾客(往来客商大贾)保持密切的沟通和联系,进而把全域、全境当作文化产品来生产,也就是只有把整个区域的人都当作文化产品来生产,才能进而通过人,把全域、全境当作文化产品来生产,才能真正实现文化事业和旅游产业健康、科学和可持续发展。

吴福平在这本专著中还指出,可以把这一专著看成《与霍金对话——中国自然哲学之于新宇宙学》的续篇,书中"余论"两章,即第二十章"'无机哲学'的终结"和第二十一章"时—空通史",看起来与本书的主题"文化质量管理"没有多大关联。然而,这两章对于"有机理论"的构建却有着根本意义。这是因为,如果我们的宇宙也是一个有机系统,那么,建构并运用"有机理论"来进行对自然和社会现象的研究,就显得更贴近于自然和社会本真,而且,中国古人的"人法地,地法天,天法道,道法自然"和"天人合一"思想便得到了全面论证。统观吴福平的这一专著,思路清晰,逻辑严密,视野开阔,视角独到。研究跨越思想史、文化史等领域,从中可见作者扎实的学术功底、严密的逻辑思考能力,可以认为,这对于深化文化管理、文化哲学研究等都具有重要的理论和实践价值,且富有原创性和实践性。

构建中国话语体系,阐释中国文化实践[1]
——评吴福平专著《文化原动力》

从新康德主义弗赖堡学派的追随者李凯尔特算起,让文化成为一门独立科学已经是一个百余年的愿望和期待了。

吴福平在其专著《文化原动力》中强调,李凯尔特通过"质料"和"形式"分类原则,使文化科学成为一门与自然科学对立并举的独立科学所做的努力是值得赞赏的,然而,正如一些批评者所指出的,妄图在一般和个别的形而上学对立的基础上,把所谓的普遍化方法和个别化方法、自然科学和历史的文化科学截然对立起来,这种做法本身就是站不住脚的。[2]

① 作者系浙江大学人类学研究所副所长,刘朝晖。
② 李凯尔特.文化科学和自然科学[M].涂纪亮,译.北京:商务印书馆,1986:14-19.

怀特期望建立一门大写的文化的普遍科学的努力是富有成效的,但是,把人类机体与文化机体的功能直接相类比,将文化系统的基本目的定位成获取和运用能量,不仅在论述上是同义反复的,而且整个逻辑都可能需要重构。[①] 马林诺夫斯基由于既未能弄清楚如何"化"以及以什么"文"来"化"等文化的基本问题,而使他的理论宏图未能有突破性的进展。拉德克利夫-布朗虽则强调了文化的功能,然而,由于未能揭示出文化的运作机制、运行机理、流变规律等,明显犯了"由内容来保证其功能"的错误。[②] 那么,文化能否成为一门独立的科学? 文化科学在何种意义上可以成为一门非自然科学意义上的,并且能够与自然科学在地位、功能和作用上并列的科学呢?

吴福平在《文化原动力》一书中,通过对文化研究史上重要文献的系统梳理和研究指出:已有的研究经验性描述多,而基础性研究少;功能性解释多,规律性研究少;宏观层面分析多,微观机制研究少;对文化的运行机制、发展规律,对文化动力的核心要素、传导机制等的研究明显不充分,侧重于揭示文化衍生、演变的规律性方面的研究更是极其匮乏。对文化缺乏明确的、可操作的界定,势必也难以准确把握文化动力的内涵,进而使得文化动力的研究反倒成为缺乏文化的研究,而对于文化的内部性动力与外部性动力,不仅在理论上界说不清,论述上飘忽不定,而且在实践中也一头雾水。

基于中国《易经》学说,吴福平在提出极具中国特色、建基于中国本土话语的文化的实践性定义,以及在深化前三部著作(《文化全面质量管理——从机械人到生态和谐人》《文化管理的视阈:效用与价值》《文化测量:原理与方法》)的基础上,致力于解决关于文化如何"化",以什么"文"来化这样两个关于文化的基本问题,包括"化"的主要途径、基本规律以及如何评估测量等问题,并致力于文化原动力的传导机制模型的构建。

----

① 穆尔.人类学家的文化见解[M].欧阳敏,邹乔,等译.北京:商务印书馆,2009:123.

② 李军波,江翱.企业文化评估研究述评[J].湘潭大学学报(哲学社会科学版),2006(5):58-62.

　　这部专著以吴福平提出的文化的实践性定义为逻辑起点,把文化置于黑格尔提出的"无条件的共相"、哈耶克的"第三范畴"、波普尔的"世界三",以及中国的老子及古希腊的亚里士多德的"三"等视角加以考察,并与吉登斯的社会结构理论、哈贝马斯的交往行动理论和生活世界范式进行了有效对接。可以看出,吴福平试图从解决文化的两个基本问题为切入口,致力于提高文化理论和政策实践的关联度。在解决如何"化"的问题上,提出了关于文化管理的研究路径、文化质量预警系数计算方法、文化管理的"天地人"人性假设、文化"公地悲剧"、文化流变的形态、文化软实力的新型分类,进一步厘清了文化的价值与效用价值、文化的内部性动力与外部性动力,构建了文化原动力及其传导机制模型,以及文化测量评估模型和方法等。在解决以什么"文"来化的问题时,坚持马克思主义文化观,强调没有比共产主义社会昭示的真、善、美更值得追求的文化理想了——共产主义的真、善、美理想是真正的、内容意义上的文化原动力。

　　通过这样四部专著,吴福平在文化研究上不仅构建了具有中国特色的文化理论话语体系,而且以此阐释了中国文化实践,同时,也提出了成体系的文化管理、文化哲学理论,并用以解读美、德、日乃至如柏拉图用词句构造的理想国,以及老子的"小国寡民"社会等在文化上的利弊得失。正如吴福平所指出的,就公共领域的文化和文化治理而言,如既能解决如何"化",又能得出以什么"文"来化的问题,那么,基于文化的实践性定义,通过对文化外在制度与内在制度,特别是其互动的和部分的深入剖析和解读,以及对于文化原动力及其传导机制、传播路径、基本规律等的全面揭示,马林诺夫斯所希望建立的"一个审慎严谨的文化论",莱斯特·怀特致力于构建的能够关注文化系统的结构和功能,展示文化的普遍性方面的文化科学,都是可以期待的。

　　要言之,无论如何,文化不能再任由其继续飘零在各学科的边缘地带,而迫切需要也极其可能成为一门独立科学,这应当可以成为一种共识。吴福平这一专著还有很多的思想闪光点,很多的新见和创见,这里就不多说了。毫无疑问,正如陈立旭教授所指出的,这是一部近年来在文化管理和文化公共治理研究上有重大突破的力作。

让文化管理真正落地①

——评吴福平专著《文化管理的视阈：效用与价值》

文化管理是 20 世纪 80 年代兴起的一种管理思想、管理流派、管理模式。40 多年来，文化管理实践方兴未艾，文化管理的理论研究也一直是管理科学领域的研究热点和前沿。

然而，迄今为止的文化管理理论研究，乃至文化管理实践，本质上都存在着文化缺失现象。管理视域的文化，事实上成了一个飘荡的"幽灵"。这个"幽灵"，与人类学、社会学等视域的文化一起，一直飘零在各学科的边缘地带。这是因为，文化及其概念的界定问题一直散落在各学科的边缘，难以找到栖身之所，并显然陷入了哈耶克尖锐批评过的"一种矛盾现象"，即所有关涉文化的研究，事实上正如法律实证主义者那样，跌进了"一门科学竟然明确否定它拥有一个研究对象"的窘境。

此一现象，在文化管理研究和实践领域所导致的结果便是：文化管理反倒成为缺乏文化的管理，进而失去管理和研究的对象。一方面，由于对文化概念缺乏界说，学术界对文化管理的定义和内涵也难以界定。当前学界对文化管理到底仅仅是一种管理思潮、管理模式或管理学派，还是管理理论和管理实践发展的新阶段与必然趋势等，莫衷一是，众说纷纭②。另一方面，一旦回避了"文化是什么"的界说，在具体的文化管理实践中，必然难以做出实质性贡献，乃至关于文化测量的研究和实践，所得到的往往也是一些似是而非的数据和结论。针对这些问题，吴福平在其专著《文化管理的视阈：效用与价值》中进一步明确界定了管理视域的文化：文化是外在制度（显规则）与内在制度（潜规则）互动的和。

这一预设意味着，实时地流动、变迁的组织文化机体内，所谓的文化可以由三部分内容构成，即外在制度、内在制度及两者互动的和。该预设的意义在于以下几个方面。

---

① 作者系江苏省文化艺术研究院的徐望。
② 张德，吴剑平. 文化管理：对科学管理的超越[M]. 北京：清华大学出版社，2008：28-29.

第一，从文化作为一种秩序、规则系统或者说是制度的角度对文化加以界说，本质上既强调了文化的规范价值、工具价值、实用价值，也指明了文化的流变性、动态性等特性。就组织文化的研究和测量来说，则既说明了组织内部的文化是什么，也回应了文化管理和文化测量需要也必须管或测什么的问题，进而，一并使得文化管理亦有了管理和研究的对象，即内在制度与外在制度，特别是它们所互动出来的那种"和"的状态。因此，正如浙江大学公共管理学院张国清教授在一篇书评中所指出的，吴福平的这一专著拿住了文化。

第二，认为在不同文化时间和文化空间中流变的文化实体，文化的外在制度（显规则）与内在制度（潜规则）在互动中可以表现为不相容（或完全不相容）、基本相容、相容、完全相容，也因此表现出"超"（S）文化态（super cultural state）、"合"（I）文化态（integrated cultural state）、"和"（H）文化态（harmonious cultural state）、"纯"（P）文化态（pure cultural state）等4种文化态。[①] 从"超"（S）文化态至"合"（I）文化态，至"和"（H）文化态，至"纯"（P）文化态，这就是一个连续的文化质量周期。

第三，对文化的力量与质量做出了明确区分。文化力量是一种既有大小又有方向的矢量，文化质量则是对文化力量所发挥的功能、效用、效值等的度量。基于文化力量的双重性和文化质量的偏至性，组织文化的力量及质量对组织的作用，均是相对的，都有一个度的问题。在文化管理活动中，为了避免文化断裂和文化危机，以及"反学习"等的出现，成功地跳出文化质量周期乃至组织生命周期，就需要加强对文化"预报"或者说是"预警"指标的研究。譬如：组织文化的哪些指标达到何种临界值就可能发生文化危机？哪些文化的外在制度与内在制度的投入对于优化文化的力量和质量、效用和功能，以及规避文化断裂和文化危机等的出现是有效的？

在此，特别需要加强对界于"和"（H）文化态与"纯"（P）文化态之间，

---

① 吴福平.文化全面质量管理：从机械人到生态和谐人［M］.北京：中国社会科学出版社，2006：207-214.

以及介于"合"(I)文化态与"超"(S)文化态之间的文化形态迁变、流动的规律和特点的研究。这里可以画出两条警示线,并设法测定其临界值。本书建立了一个全新的文化测量模型,提出了文化质量预警系数计算方法,认为任何一个文化机体在流动、变迁过程中,其文化断裂系数(CV)有两个临界值,0.280和0.414。当小于或等于前一临界值时,就开始进入"纯"(P)文化态,并极有可能出现"成功的陷阱"或"反学习";当大于后一个临界值时,则开始进入"超"(S)文化态,必将陷入文化断裂,进而极有可能导致文化危机的出现。预警系数的得出,对于真正地、科学地、动态地指导文化管理实践,维护文化安全,规避文化风险以及文化质量周期,乃至组织生命周期等,都将具有根本意义。

第四,认为所谓的管理尤其是文化管理,如继续固执拘泥于以人为中心,将日显心胸狭隘,而倡导文化管理的终极目标是"实现人的全面发展和组织的发展",似亦已捉襟见肘。从生态伦理学视角,我们早该克服以人为中心的偏执,而完全可以自豪和自信地高扬以天、地、人为中心的中国旗帜,进而完全可以在关于管理的人性上提出"天地人"假设——人是"天地人",是大写的人,而非个体的人。而文化管理更应该以实现包括"大自然效用价值"(可包括纯自然和生态以及人为、人造环境等效用价值)和"大社会效用价值"(可包括经济、政治、社会、人文环境等效用价值)等在内的文化的"天地人"效用价值为最高目标。这对于处在高度生态危机以及程度不等的社会危机、文化危机中的当代人及其所构建的各种组织的生存和发展,是不无裨益的;同时,在一些学者看来,这也是包括企业组织在内的各类社群组织应尽的社会和伦理责任。

基于上述,吴福平进一步提出,对于任何一个社会系统而言,文化的功能和效用是全方位的、系统性的。任何一个社会文化机体在与当下的政治、经济、文化、环境等的互动中,必然会产生出并体现为"文化—政治"效用价值、"文化—经济"效用价值、"文化—社会"效用价值、"文化—文化"(即其自身)效用价值、"文化—自然(环境)"效用价值等。就任何一个企业组织而言,企业文化作为一种资本、一种核心竞争力,更值得关注的应该是其"文化—战略"绩效、"文化—管理(制度)"绩效、"文化—顾客"

绩效、"文化—激励(财务)"绩效"文化—学习"绩效、"文化—环境"(自然与人文环境等)绩效等。

统观吴福平的《文化管理的视阈：效用与价值》,我想无须我做出评价,其理论和实践的意义和价值都是显而易见的。

文化测量的文化意义[①]
——吴福平专著《文化测量：原理与方法》评述

吴福平的专著《文化测量：原理与方法》在更宽广的视域里,更深入地讨论了文化测量问题。

从1975年海尔森(Harrison)首创针对组织意识(organizational ideology)的测量工具开始,文化测量研究悄然兴起。30多年来,文化测量既是一个热点,也是一大难点,并且,也一直是一个颇具前沿性的研究课题。随着文化管理理论和实践的不断发展,文化测量、诊断和评估研究在日渐深化,主要涉及公共文化服务绩效测评、文化软实力测量、组织文化诊断、评估等问题和方面,研究者们也开发出了一系列的测量方法、测量模型和测量量表。但是,问题也是显而易见的,所有涉及文化测量的有效性,都受到了质疑。

国内外迄今为止的文化公共服务绩效测评及其指标体系研究,大致可以从两个方面进行总结：一类是用于对各类文化产品和服务展开统计的文化统计指标,主要涉及的是有着投入或者是投入过程性质的指标,侧重于对公共文化服务的数量、质量、规模、品种、效率等方面的统计;另一类是文化绩效指标,主要用于对文化艺术、文化政策、节目、活动等进行观察、监测、评估等,侧重于对公共文化服务的质量、效益、效应等方面进行测量、评估。文化统计指标与文化绩效指标构成了当前国际通行的两大类文化统计或绩效评估指标。吴福平认为,鉴于文化服务是一项特殊服务,文化产品是一种特殊产品,但凡是文化产品或服务,大多具有外部效用、外溢效应,会弥散、弥漫至文化艺术领域之外。同时,就公共文化服务

---

① 作者系浙江工商大学教师、博士,余钧。

来说，即便是全面完成了所有的工作任务，乃至取得了辉煌的"业"和"绩"，也未必就能达成预想或预期的效用、效应，并且，还极有可能是"负效应"。因而，无论是文化统计指标还是文化绩效指标，实际上均需要厘清"绩"与"效"的区别。当前我国的公共文化服务绩效评估研究与实践，往往将视域严格局限于文化和艺术领域，或者是将两大类不同性质的指标混合使用、相提并论，乃至以文化统计指标直接替代文化绩效指标，用于公共文化服务绩效测评，必然地，事实上也已经给文化绩效评估以及文化建设实践，造成了诸多误区，带来了诸多问题。

文化软实力的测量，目前存在两种不同的观点：一种认为，文化软实力具有抽象性和隐蔽性，是不可测量的；另一种认为，软实力虽"软"，不能直接测量，但可以通过其外化、物化的表现和构建一些硬指标来进行测量，并做了一些尝试。然而，已有的研究由于未能对文化的形成机理、流变规律等做更深入的揭示，因而，难以给出科学的、可操作的测量方法、计量模型。30 年来针对企业组织的文化测评和研究，对企业文化建设实践和企业管理的指导意义同样受到质疑。[①] 究其原因，批评者认为，主要在于既往的测量研究都没能跳出"由内容来保证其功能"的圈子，总是寄希望于通过由外及内、由表及里的层级分析法得出一些似是而非的评分数字，而不是真正从价值观取向来获取结论，使得评估始终难以形成有效的结论，也难以实现从企业文化建设过程的内容控制和实施过程的质量控制两方面来保证其实施的效果，难以"真正地、科学地、动态地指导企业文化的实践"。[②] 组织文化研究"明显存在概念的模糊性和'非显学性'"，"且倾向于'冻结'变革管理"。[③]

针对这些问题，吴福平指出，文化之所以难以测量，就其本质而言，至少有三大原因。

①　马力,曾昊,王南.企业文化测量研究述评[J].北京科技大学学报（社会科学版）,2005(3):71-75.

②　李军波,江翔.企业文化评估研究述评[J].湘潭大学学报（哲学社会科学版）,2006(5):58-62,76.

③　邱陵.企业文化研究路径探析[J].经营管理者,2010(7):36-42.

　　第一个原因是,文化产品在本质上没有大小之分。一条格言警句,可以世代相传地激励人;一本书,可以接续影响几代人;好莱坞一部《2012》电影,引发的是世界性的末日情结以及不大不小、不同程度的惶恐;高度关注人类前途命运的人,对人类的发展观也展开了深入全面的反思。一个看上去很不起眼的文化产品,极有可能兼具天、地、人效用价值。这既为区域社会、各类社群组织的文化公共治理带来了难度,也使文化作为一种治理手段或目的成为可能。也只有建立在文化天然独具的公共性及其"天地人"效用价值基础上,并且作为一种治理或公共治理方式和手段的文化、文化测量研究和实践,才是应有的视角和态度;而且,所谓的文化软实力也只有在文化治理的功能和效用的充分发挥与实现中才能得以凸显。

　　第二个原因是,文化测量必须有文化意义。无视文化意义、文化价值的追求,所有的测量数据就都失去了测量的意义。鉴于此,吴福平提出:一是基于文化天然独具的公共性及其"天地人"效用价值,文化应当也完全可以被置于或视作一种治理或公共治理的目的、手段和有效途径,并以此为逻辑起点,来探讨区域社会、各类社群组织文化及文化软实力的测量问题;二是坚持主张文化的功能和效用是全方位的、系统性的,文化管理的视域应当聚焦于文化的效用与价值,文化测量必须重视文化的有形和无形作用,且很多时候文化的无形作用比有形作用还要强大,还要深远。由于文化是一种特殊产品,任何一个文化产品即便是私有的,本质上亦天然地具有公共性,且任何文化产品均有其看得见的有形作用,也往往还有着看不见的无形作用。从这个意义上说,文化和文化财政决策的理论性和科学性,相较于任何其他的公共决策,恐怕难度更大,要求更高。特别是由于文化产品无形作用的存在,就需要决策者必须有敏锐的洞察力,以及更高的关于文化和公共文化产品、公共财政、公共管理,等等,事实上必然要牵涉方方面面的理论知识储备和理论素养。为了在实践中便于公共文化财政决策,吴福平给出了公共文化财政新型决策模型,并强调了公共文化财政五项基本原则:一是强化公共品公益性原则,二是保障公共品私益性原则,三是奖励私有品公益性原则,四是鼓励私有品私益性原则,五是重视文化品无形作用原则。

第三个原因是,既有的文化测量研究不仅无视文化的无形作用,也没能区分出文化的力量与质量、文化的价值与效用价值,因而导致在测量中也未能厘清"绩"与"效"的区别。针对文化测量中存在的这些问题,吴福平在《文化测量:原理与方法》中,原创性地提出了一系列涉及文化测量的主要概念以及测量模型、计算公式,等等,并基于对 Z 省 13 个县(市、区)的调查与测量,对公共文化服务与社会建设的关系问题展开了定量分析和实证研究,同时,运用组织文化质量量表对一个较大规模的企业组织进行了文化测量。

吴福平在研究文化测量过程中提出的一些主张和洞见,无疑走在了该领域研究的前沿,且极具科学性、实践性和可操作性,显而易见是该领域的一个重大突破。根据他所提出的文化测量原理和方法,无论是对于大型的开放式组织,还是小型的闭合式的各类社群组织,都可以通过一些可量化的数据和依据,测量其文化的初因、文化的力量和质量、文化的重心和核心,准确地找出企业所处的文化质量周期和组织生命周期,把握其文化机体的流变、性状等,这显然具有重大而深远的意义。